O DESIGNER QUE HABITA EM NÓS

Dados Internacionais de Catalogação na Publicação (CIP)
(Simone M. P. Vieira - CRB 8ª/4771)

Galeazzo, Fabio
    O designer que habita em nós: criatividade e autoconhecimento na decoração / Fabio Galeazzo. – São Paulo : Editora Senac São Paulo, 2024.

    Bibliografia
    ISBN 978-85-396-4722-4 (Impresso/2024)
    e-ISBN 978-85-396-4721-7 (ePub/2024)
    e-ISBN 978-85-396-4719-4 (PDF/2024)

    1. Design 2. Arte 3. Decoração 4. História do design 5. História da arte 6. Estética I. Título.

22-1793g   CDD – 747
                                        709.05
                            BISAC ART015100
                                   ART015110

Índices para catálogo sistemático:
1. Decoração e estilo : Design de interiores   747
2. Arte contemporânea   709.05

O DESIGNER QUE HABITA EM NÓS

Fabio Galeazzo

Criatividade e autoconhecimento na decoração

Editora Senac São Paulo – São Paulo – 2024

ADMINISTRAÇÃO REGIONAL DO SENAC NO ESTADO DE SÃO PAULO
Presidente do Conselho Regional: Abram Szajman
Diretor do Departamento Regional: Luiz Francisco de A. Salgado
Superintendente Universitário e de Desenvolvimento: Luiz Carlos Dourado

EDITORA SENAC SÃO PAULO
Conselho Editorial: Luiz Francisco de A. Salgado
Luiz Carlos Dourado
Darcio Sayad Maia
Lucila Mara Sbrana Sciotti
Luís Américo Tousi Botelho

Gerente/Publisher: Luís Américo Tousi Botelho
Coordenação Editorial: Verônica Pirani de Oliveira
Prospecção: Dolores Crisci Manzano
Administrativo: Marina P. Alves
Comercial: Aldair Novais Pereira

Edição e Preparação de Texto: Vanessa Rodrigues
Coordenação de Revisão de Texto: Marcelo Nardeli
Revisão de Texto: Camila Y. K. Assunção
Projeto Gráfico, Capa e Editoração Eletrônica: Antonio Carlos De Angelis
Ilustrações: Daniele Santos Galeazzo
Coordenação de E-books: Rodolfo Santana
Impressão e Acabamento: Gráfica Arte Impressa

Proibida a reprodução sem autorização expressa.
Todos os direitos desta edição reservados à

EDITORA SENAC SÃO PAULO
Av. Engenheiro Eusébio Stevaux, 823 – Prédio Editora
Jurubatuba – CEP 04696-000 – São Paulo – SP
Tel. (11) 2187-4450
editora@sp.senac.br
https://www.editorasenacsp.com.br

© Editora Senac São Paulo, 2024

SUMÁRIO

Nota do editor, 7
Agradecimentos, 9
Apresentação, 15
Introdução, 27

PARTE I — O MUNDO, 32

1. O mundo medieval, 39
2. O mundo industrial, 53
3. O mundo digital, 69

PARTE II — A CASA, 80

4. Chegou o momento de construir uma casa de dentro para fora, 87
5. Os sentidos e os símbolos, 105
6. A experiência e o pertencimento, 133
7. A criatividade e a reciprocidade, 151
8. A ética e a estética, 167

PARTE III — A ALMA, 178

9. Uma ponte entre os sentidos e o mundo, 185
10. Design de interiores, um caminho, 207
11. A casa e o cosmos, 225

Referências, 233
Índice geral, 237

NOTA DO EDITOR

O significado do lugar que habitamos vem se modificando nos últimos anos. Na pandemia, por exemplo, o isolamento levou muita gente a refletir sobre a casa, percebendo-a como um lugar de afeto e conexão criativa com o mundo. Na época, institutos de pesquisa e entidades do comércio constataram aumento nas reformas e na compra de móveis e itens domésticos. O gosto por decoração e design de interiores se ampliou e se mantém, sustentado pela facilidade do acesso *on-line* a produtos e informações.

Esses novos valores exigem que decoradores e designers de interiores estejam mais preparados para fazer, dos clientes, "criadores da própria morada". Tal processo envolve aspectos estéticos e funcionais e requer a construção de novos saberes, como a pedagogia do espaço e a ecologia da casa.

Alinhado com as demandas da sociedade, o Senac São Paulo traz, com a presente obra, reflexões e experiências alicerçadas em uma diversidade de áreas do conhecimento, como antropologia, arte, arquitetura, empreendedorismo, geografia, filosofia, história, marketing e psicologia. Um conteúdo que mostra como, para além da metodologia do projeto, o design de interiores pode aproximar os moradores dos benefícios da experiência estética, levando-os a uma jornada de autoconhecimento e criatividade com base no espaço onde vivem.

AGRADECIMENTOS Muitos colaboraram comigo na construção deste livro. Em primeiro lugar, minha companheira, Dani, que também trouxe seu talento para as ilustrações que agora habitam este livro, e meu filho, Vini, que me inspirou a sonhar a "nossa" casa. Ambos pacientemente foram fiéis ouvintes e incentivadores para que eu chegasse até aqui. Gratidão por não desistirem de mim. Amo vocês.

Meu pai e minha mãe, Djalma e Walkyria, de quem eu herdei esse amor pela casa e pela decoração. Acabei levando tão a sério seus ensinamentos que os transformei em profissão. Eu honro vocês por meio daquilo que faço melhor.

Também houve vários amigos, com suas palavras de apoio, leituras, conversas e discussões, que sinalizaram que eu deveria seguir em frente. Em meio a tantos nãos, cada um à sua forma fez que eu prosseguisse na busca por um sim: Alécio Rossi Filho, Fernanda Florence dos Santos Pires, Maria Beatriz da Silva Mattos, Marcia Dias e toda a equipe do Senac, seguem meu carinho e meu reconhecimento pela força que me deram para tornar este livro realidade.

A todos os clientes e amigos que abriram suas casas, suas vidas e seus corações e sem os quais nada disto faria sentido. Obrigado, obrigado e obrigado!

Mas este livro não resume dez anos da minha pesquisa apenas; ele também resume a minha própria vida. Então, eu o dedico a todos que, de alguma forma, plantaram luz no meu caminhar. Como tem sido uma longa jornada, houve também aqueles que me fizeram ir em busca de reafirmar a minha existência e o meu propósito de vida. Para todos vocês, dedico um lugar em meu coração.

Agradeço à mãe Gaia e ao pai Cosmos, que nos tornam a todos irmãos.

Com amor, Fabio.

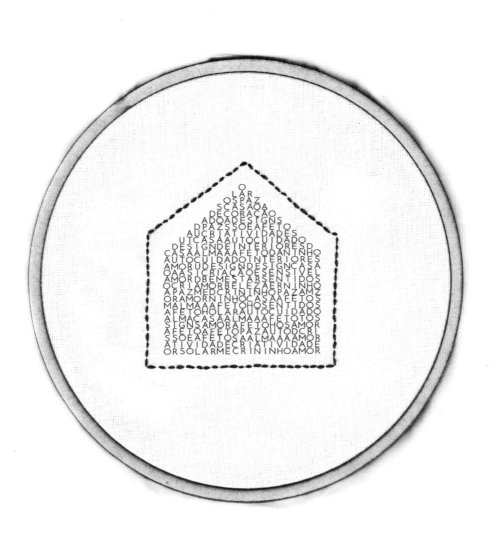

O CONHECIMENTO QUE
POSSUO NÃO É SÓ MEU.
É DE TODAS AS PESSOAS.

Miguel Angel Ruiz, citado por Mary Carroll Nelson, *Além do medo.*

APRESENTAÇÃO

Foi no ano de 2014, no longo voo de volta para o Brasil após uma palestra em um congresso de design de interiores em Hangzhou, na China, para o qual fui convidado, que nasceram as primeiras ideias do que trago neste livro. Logo no início da viagem para lá, eu havia sido tomado pela emoção de apresentar meus projetos em um território distante. Porém, ao chegar na cidade chinesa, algo diferente aconteceu. Conforme as palestras iam ocorrendo, e a plateia, interagindo, eu me peguei recordando fragmentos da minha história que se misturavam com as histórias vividas com os clientes na construção de suas moradas.

Em um primeiro momento, eram somente lembranças que me ocorriam durante as palestras, e não dei tanta importância. Mas à noite, quando ia me deitar, tudo se intensificava, e aqueles *flashes* de histórias que aparentemente nada tinham em comum bailavam em minha cabeça, capturando ainda mais minha atenção.

Foram dez dias de desafios intensos, divididos entre a cansativa viagem, o contato com uma cultura nova na qual eu não era um turista à procura de diversão e aventura, mas alguém que estava no foco das atenções em auditórios repletos de alunos e profissionais, e as apresentações, nas quais eu tinha de me expressar publicamente em um lugar desconhecido. (Embora muitos digam que não, dentro de mim existe um Fabio introspectivo e reservado.)

Talvez em razão de toda essa sobrecarga emocional, ao final da minha última palestra, na véspera do retorno ao Brasil, passei por uma experiência singular que mudaria meu modo de ver a casa, minha profissão e a mim mesmo.

Diante de aproximadamente 200 estudantes, fui sabatinado por algumas horas, durante as quais eles perguntaram detalhes de como eu fazia minhas escolhas para chegar aos resultados estéticos que estavam sendo ali apresentados. Eles não queriam saber de técnica nem de pensamento projetivo; a informação que buscavam estava relacionada à espontaneidade com a qual eu tomava as decisões, misturando estilos e brincando com texturas e cores.

Mas como explicar conceitos tão subjetivos assim? Conforme eu respondia, ia me conectando com aqueles projetos e seus moradores. Foi assim que percebi a importância das histórias que esses clientes traziam consigo e que nos levaram a tomar decisões, tirando partido da criatividade. Percebi também que parte dessas histórias estava entremeada com minha própria experiência nas casas onde morei e, pela primeira vez, senti que existia um fio de meada que apontava para a existência de um **diálogo interno entre uma casa que habita dentro de cada um de nós e o lugar onde moramos**.

Foi com base nessa sensação de estranhamento por estar diante daquele público e, ao mesmo tempo, conectado ao passado, revisitando histórias que ainda estavam vivas dentro de mim, que emergiu a pergunta: **por que decoramos?**

Afinal, o que nos faz investir tanto tempo, atenção e dinheiro na escolha de cada objeto, cada peça de mobiliário, para formar aquilo que na decoração denominamos "construção do acervo pessoal"?

O que poderia existir por trás desse diálogo com as paredes e os objetos a ponto de transformar nossa casa em um espaço pulsante e cheio de vida?

Que poder é esse do design de interiores, o qual fez imagens do meu trabalho gerarem um convite que me levou ao outro lado do mundo para despertar emoções até então guardadas dentro de mim?

Foi com essa série de questionamentos que desembarquei no Brasil, decidido a saber mais sobre a nossa relação com a casa e a possibilidade de usar o design de interiores como ferramenta de autoconhecimento.

Em meu trabalho com alguns clientes, presenciei reações a uma série de experiências estéticas que chamaram minha atenção. Nessas ocasiões, pude perceber que, a cada etapa concluída, tanto na escolha dos acabamentos quanto na compra de mobiliário, conforme essas casas iam tomando forma, sincronicamente seus moradores passavam por processos profundos nos quais se abriam para resgatar sonhos e revisitar histórias vivenciadas na infância e na juventude. Apoiados nelas, elaboravam novas histórias, encontrando na decoração a possibilidade de expressar sua criatividade e, por meio dela, moldar ambientes que os tornavam orgulhosos de si e, consequentemente, mais livres, bem-humorados, seguros e organizados na vida pessoal e no trabalho.

O contrário também ocorreu. Cansei de assistir a explosões de raiva vindas daqueles que, assustados com a responsabilidade de rever seu passado para reconstruir uma nova versão da sua própria história, promoveram uma autossabotagem, embarcando em rotas de fuga consumista, quando não se punindo e se vitimando ao justificar que a decoração tinha um custo alto e não era feita para eles. Esses me ensinaram que a casa também pode ser fonte de repressão, distanciamento e alienação em relação àquilo que somos.

Também presenciei pessoas que chegaram até mim completamente sem referências. Essas eram órfãs da casa; carregavam consigo lembranças tristes e doloridas de uma vida marcada por perdas, traumas e restrições. Traziam um sonho e depositavam em mim a responsabilidade por ajudá-las a sublimarem a dor para criar um lar onde acreditavam existir a felicidade.

Ao sair à procura de explicações as quais justificassem experiências tão distintas, encontrei três respostas para a pergunta "Por que decoramos?", base deste livro, que chamaram minha atenção e que trago logo de início com a intenção de levar você ao ponto de partida, onde nascem e se incorporam os fenômenos da decoração.

Antes de falar sobre essas respostas, achei necessário distinguir a história da decoração, e/ou do design de interiores, da história da arquitetura, pois elas vêm se confundindo ao longo do tempo.

Enquanto a arquitetura se desenvolveu na busca por expressar a posse do homem sobre a terra (Rybczynski, 1996), oferecendo abrigo e segurança contra perigos e intempéries, a decoração e, mais recentemente, o design de interiores sempre enfrentaram uma série de barreiras e foram tratados, em um primeiro momento, como algo secundário e complementar à arquitetura.

Os interiores das casas só passaram a evoluir à medida que seus moradores foram se conscientizando de suas próprias emoções e dando maior importância às questões subjetivas que surgem da relação com o espaço, buscando conforto, intimidade, informalidade, domesticidade e expressão criativa.

Você também deve ter percebido que, em algumas frases, eu uso o termo "decoração" e, em outras, "design de interiores", quando não os dois juntos, na mesma frase.[1] Neste livro, vamos considerar como ==conceito de decoração o resultado final de quem busca ambientar a casa==, em que o ato de decorar resume-se no envolvimento emocional com o espaço – sentimentos que, ao serem explorados, são capazes

---

[1] A profissão de designer de interiores é reconhecida em todo o território nacional por meio da Lei nº 13.369/2016, que em seu artigo 2º define que "designer de interiores e ambientes é o profissional que planeja e projeta espaços internos, visando ao conforto, à estética, à saúde e à segurança dos usuários, respeitadas as atribuições privativas de outras profissões regulamentadas em lei" (Brasil, 2016). Existem cursos nos níveis técnico, tecnólogo, bacharelado e pós-graduação. Para a atividade de decorador ou decoradora não é necessário curso específico.

de transformá-lo em muito mais do que abrigo, proteção e satisfação, tornando-o também uma expressão simbólica de quem somos por meio da criatividade e que tem como resultado a harmonia e a beleza. Nesse contexto, ==consideraremos o design de interiores uma disciplina, uma metodologia== da qual podemos nos apropriar para organizar de forma racional o impulso natural de decorar que habita, em maior ou menor intensidade, em cada um de nós.

POR QUE DECORAMOS? — UMA BUSCA PELA ASCENSÃO SOCIAL

Socialmente, decoramos a casa para impressionar as pessoas com quem nos relacionamos. Fazemos uso dos recursos estéticos, associando-os a um certo cultivo da interioridade, elaborando ambientes pensados para criar uma imagem de como gostaríamos de ser vistos. Assim, tiramos partido da decoração para alimentar um lado narcisista mais aflorado, na busca por chamar a atenção e nos impormos perante os demais.

Com o passar do tempo, a decoração pela busca social foi se confundindo com a sua própria história, o que a tornou um recurso classificado por muitos como um ato supérfluo e efêmero, relacionado às pessoas de comportamento fútil.

A designer e pesquisadora Ingrid Fetell Lee (2021), em seu livro *As formas da alegria*, traz uma ideia ampla de que a preocupação central de qualquer organismo vivo consiste em encontrar energia para suas atividades, como arranjar comida, procurar abrigo, lutar contra os predadores, ter relações sexuais, criar filhos, jogar tênis, dançar rumba. E eu incluo aqui o cuidar da casa.

Será esse instinto de sobrevivência, quando associado a aspectos da nossa essência humana, como as nossas próprias histórias de vida, que se tornará o responsável por nos impulsionar a buscar formas de expressão que nos diferenciem, tornando-nos seres únicos, admirados pelo que realmente somos.

A competição pela sobrevivência não mais precisa ser "Eu ganho, e você perde". Na contemporaneidade, a busca social está em plena transformação, aliando-se à sustentabilidade e a outros temas inovadores, tornando-se uma relação de colaboração, um modelo novo de organização social cuja premissa é "Eu ganho, e você também pode ganhar".

A decoração teve origem no século XVIII, no processo de industrialização do mundo ocidental, quando ocorreram grandes mudanças no comportamento humano em relação à produção de bens e serviços. Fomos impulsionados a desenvolver novos hábitos, entre eles o de consumir livremente e em larga escala. Ao nos tornarmos consumidores, o desejo de decorar, assim como tantos outros, foi se desequilibrando à medida que passamos a dar maior importância às questões do ter (nossas posses) em relação às questões do ser (nossa essência).

Com o passar do tempo, o resultado do trabalho de quem decora unicamente para satisfazer essa busca por chamar a atenção dos outros tornou-se sinônimo de escapismo, distração e passatempo. Um recurso que, nos tempos atuais, tem se mostrado cada vez mais perigoso, em razão de seu caráter superficial, sedutor e poluidor.

Quando usamos a decoração somente pela busca da ascensão social, facilmente cedemos ao excesso, ao consumo e ao modismo e, na ânsia imediatista por deixar a casa pronta o mais rápido possível, acabamos por decorar os ambientes sem nos darmos tempo de absorver as ideias e ponderar sobre nossas escolhas.

Ao aceitarmos somente as influências que vêm de fora e que se impõem por meio de estilos ou modismos, vamos nos distanciando da essência e dos valores genuínos que moram em nós. Deixamos de ousar e de usar a criatividade, não permitindo que a espontaneidade, que é natural em todos, flua e ecoe por meio de escolhas. A consequência em quem busca se aproximar do belo exclusivamente por meio do consumo é um efeito rebote de repressão da beleza (Hillman, 1993), que, em vez de aproximar, acaba por afastar seu papel curador em nossa vida.

A verdadeira beleza deve ser um bem comum, disponível a qualquer pessoa. E o desafio está em aprender a reconhecê-la por meio das nossas próprias histórias, de forma que o consumo se torne uma consequência que registre esse encontro.

POR QUE DECORAMOS? — EM NOME DO PROGRESSO

Em nome do progresso, surgiram demandas de consumo que se tornaram responsáveis pela evolução da casa: centenas de invenções pensadas com o intuito de facilitar a vida cotidiana e seduzir o comprador, criando e saciando os mais variados desejos e necessidades, mesmo aqueles que nem sequer existiam até então. Como solução, a fim de manter as máquinas em constante produção e estimular o consumo, adotou-se a estratégia da obsolescência e da diminuição da vida útil dos produtos (Kazazian, 2005), não em razão do desgaste natural devido ao uso, mas do progresso pelo progresso, pensado para dar vazão a novos produtos.

Se na busca pela ascensão social a decoração se consolidou como um recurso elitista, a decoração em nome do progresso foi transformada em moda em um processo semelhante ao da indústria do vestiário: um comportamento em busca do luxo, estabelecendo um desequilíbrio na relação custo-benefício que, em um primeiro momento, privilegiou os mais abastados. Mais tarde, consciente do desejo das massas em imitar os nobres e aqueles que ditavam tendências, a indústria se apoderou desses valores criando produtos com o intuito de colocá-los ao alcance do maior número de pessoas. Conforme o historiador de arte Ernst Hans Gombrich (2012) descreveu em seu livro *O sentido de ordem*, na casa, o gesso tomou o lugar do mármore, o papel de parede fez as vezes da pintura, estênceis imitaram o trabalho das tesouras, o vidro substituiu a pedra preciosa, o papel-alumínio tomou o lugar do metal maciço e o verniz surgiu para imitar o pórfiro.

A singularidade do artesanal deu lugar à linha de produção, surgindo a réplica; e, desde então, a decoração passou a escrever sua história transitando entre o *status* de arte, o bom design e a vulgarização do consumo.

Nas últimas décadas, porém, com a globalização e a comunicação digital, o progresso passou a caminhar, mesmo que em passos lentos, em busca do desenvolvimento sustentável. Daqui para a frente, precisaremos ter consciência, boa vontade e criatividade em relação à nossa casa e a tudo o que nos cerca a partir dela.

Embora distintas, a decoração pela busca social e a em nome do progresso são respostas que se encontram conectadas, pois se utilizaram do conceito da beleza para nos cegar frente à destruição da natureza, à disseminação da vulgaridade, à falta de sensibilidade (Hillman, 1993) e ao sedentarismo, influenciando negativamente nossa personalidade e nosso brilho interior. No livro *O mundo codificado*, o filósofo Vilém Flusser (2007) aponta que, por meio do uso do design, nos desenvolvemos construindo um mundo cada vez mais artificial, e o resultado disso é que hoje estamos vivendo as consequências do distanciamento do que é natural em nós.

POR QUE DECORAMOS? — O RESGATE DA INTERIORIDADE

De repente meu coração disparou, e, em instantes, voltei no tempo, experimentando a mesma emoção que senti durante minha última palestra na China. Não havia dúvida de que toda aquela alteração emocional apontava para uma descoberta que vinha ao encontro das informações que eu estava buscando.

Decoramos como uma resposta ao nosso desejo de mudança, pelo simples prazer interior de nos expressarmos criativamente com o mundo, utilizando as nossas histórias como ponto de partida para entrar em contato com a beleza, ou seja, por meio do belo, descobrir partes em nós que fazem nos sentirmos mais conectados com o que somos e com o que viemos fazer no mundo.

E foi assim que percebi um novo caminho para a decoração: o design de interiores como uma metodologia usada para nos aproximarmos dos benefícios da experiência estética, levando-nos a uma jornada interior que vai além da cultura do viver bem, convidando-nos a mergulhar em um processo espontâneo de autoconhecimento, ressignificação e autorreconstrução baseando-se na relação com a própria casa. Uma busca simbólica que guarda o poder de despertar partes adormecidas responsáveis pelo nosso equilíbrio emocional, levando-nos a uma aproximação com nossa essência humana, a ponte de conexão com a alma.

As histórias que trazemos conosco guardam imagens nutritivas, que carregam o nosso corpo de memórias. Quando acessadas, essas memórias são capazes de promover o encontro com a nossa alma e com tudo a que se tem acesso por meio dela: sons, cheiros, toques, gostos e texturas. É somente por essa experiência sensorial que poderemos ter acesso à influência regeneradora e curativa que a beleza é capaz de nos dar.

Mas como falar da nossa alma em um mundo racional e materialista que valoriza métricas, porcentagens e estatísticas em detrimento de valores íntimos como o amor, o prazer interior, a vontade genuína, a verdade, a justiça, a beleza, a bondade e a abundância?

Eis que se abre a oportunidade para o design de interiores ser visto como um instrumento de aproximação desses valores essenciais. Ainda não nos demos conta do protagonismo que a casa pode ter em nossa vida como um espaço potencializador da criatividade e de resgate da identidade, expressado por meio dos móveis, das cores e dos objetos que utilizamos para decorá-la.

A casa, que nasceu essencialmente delimitada por paredes, transcendeu seu espaço geométrico, tornando-se também extensão do nosso corpo. Ela é parte de nós – o mundo no qual vivemos. Interiorizada, ela nos acompanha em nosso caminho pela vida. Temos, finalmente, uma tradução de lar, em que a razão e a emoção, o corpo e a alma, a casa-mundo e o mundo da casa possam dialogar em um mesmo ambiente.

ESTE LIVRO

Escrevi esta obra para que possa despertar reflexões em todos aqueles que sentem o chamado da decoração. Antes de tudo, é preciso se encontrar com a casa que habita dentro de você.

Para isso, na parte I será abordada a história do morar, reconhecendo modos e hábitos que nos têm acompanhado através do tempo e que necessitam de ressignificação. Na parte II será explorado o habitar. Entraremos em contato com o campo das experiências, em que as informações são processadas e transmutadas, para então, na parte III, desembarcarmos nos domínios da alma e termos a possibilidade de, por meio dela, transformar a casa em um espaço de força, conexão e centramento.

Será um delicado exercício de encaixe de uma dimensão que é concreta em direção a uma dimensão complementar mais leve e sutil. Como essa elaboração não será uniforme e previsível, caminharemos em espiral, dando voltas em torno da casa, desvelando suas camadas, explorando sutilezas e nuances. Assim como na decoração, o acesso a uma nova consciência se faz em camadas.

Para que essa construção se instale confortavelmente, recomendo que você leia o livro na ordem em que os capítulos se apresentam. Cada um deles foi pensado para estruturar o próximo. Ainda que a parte III, "A alma", possa despertar a sua curiosidade e o desejo de acelerar, não deixe de voltar para ler o que eventualmente tiver "pulado", de modo que os conceitos se instalem e tudo faça maior sentido. Estou certo de que *insights* surgirão quando você menos esperar.

Seja bem-vinda, seja bem-vindo, a casa é sua!

INTRODUÇÃO

Sabe aquela sensação de chegarmos em casa e nos percebermos relaxando, ao mesmo tempo que vamos nos reconhecendo por meio do ambiente e dos objetos ali distribuídos? Pouco nos damos conta da importância desse momento diário de encontro com a nossa casa.

Esse é um fenômeno que nos conecta com a nossa instintiva noção de lar; é uma experiência que nos acompanha desde a origem mais primitiva, quando ainda vivíamos em cavernas e aprendemos a nos expressar com a vida, deixando marcas da nossa personalidade e da nossa espiritualidade pintadas na superfície das rochas.

Foi por meio dessa relação com o ambiente que nos descobrimos pertencendo a um lugar e assumimos o papel de centro do mundo em relação a tudo o que nos rodeia, dando forma e localização ao nosso corpo e à nossa morada. Mediante nossas referências, memórias e imaginação, fomos nos aprimorando e nos expressando por meio de uma profusão de fenômenos estéticos, como as pinturas corporais, os códigos culinários, os artesanatos, as músicas, as danças, as festas, os jogos e, claro, as formas de habitar.

Com o passar do tempo, na busca por subsistência e influenciados pelo clima e pelo modo de coletar alimentos e caçar, vimo-nos confrontados com uma ampla escolha de materiais, como barro, gelo, peles de animais, pedras, bambu, terra calcada, troncos de árvores e ervas do deserto, entre outros.

Foi a partir de então, após longos intervalos de tempo, que fomos abandonando o modo nômade de viver para buscar um território e nele nos fixarmos a fim de construir uma casa, apropriando-nos da criatividade para desenvolver instrumentos e processos que nos auxiliassem.

No livro *Os olhos da pele*, o arquiteto Juhani Pallasmaa (2011) traz a ideia de que, assim como um passarinho dá forma a seu ninho movendo o seu corpo contra ele, as construções vernaculares em culturas tradicionais sempre foram desenvolvidas da mesma forma, sendo medidas pelos olhos e moldadas por meio do corpo, em uma relação de integração entre a individualidade e a natureza.

Os primeiros registros que demonstram essa preocupação humana em organizar os espaços internos de uma casa datam do período Neolítico, há aproximadamente cinco mil anos. Situada na Escócia, Skara Brae é uma das estruturas residenciais mais antigas do planeta. Nesse conjunto de oito a nove casas, pode-se notar como o homem desde tempos remotos constituía seu espaço em busca de uma organização, fazendo uso da criatividade, erguendo e organizando esses interiores usando materiais encontrados aleatoriamente ao seu redor, o que mais tarde também se pôde observar em outras culturas, como a babilônica, a egípcia, a grega e a romana.

> Não sabemos absolutamente nada sobre essas pessoas – de onde vieram, que língua falavam e o que as levou a se instalarem em um local tão solitário, despido de árvores, nos limites setentrionais da Europa, mas as evidências ali indicam que Skara Brae desfrutou de 600 anos ininterruptos de conforto e tranquilidade (Bryson, 2011, p. 44).

Quando o historiador de arte Ernst Hans Gombrich (2012) analisou as antigas tatuagens como origem das aplicações de padrões ornamentais, ele chegou à conclusão de que esses padrões que se repetem regularmente demonstram uma vontade particular de cada um em se expressar, sinalizando uma sobreposição da cultura em relação à natureza, manifestada pelo contato com essa força criativa que existe em cada um de nós, a qual busca criar um certo tipo de ordem no mundo e está relacionada com o jeito próprio de cada um ver e interpretar as coisas.

Se os registros dessas manifestações cotidianas, facilmente encontrados em museus e livros ou mesmo à venda em antiquários, servem para nos ajudar a contar de onde viemos e nossa evolução, certamente os objetos que hoje nos cercam também se tornarão responsáveis por contar sobre a nossa história futura.

Então, surgem algumas interrogações: qual será a história que nossos objetos e mobiliários de design contarão sobre nós? Tudo vai depender daquilo em que acreditarmos e das nossas escolhas daqui para a frente.

Nas últimas décadas, com a evolução da tecnologia digital, estamos diante de uma nova dimensão da vida. Se até então vivíamos a realidade de um mundo finito de recursos naturais, que nos tem provocado a repensar nossos hábitos, no campo virtual o mundo se tornou infinito, gerando uma série de experiências inéditas que nos têm impulsionado a fazermos mudanças na forma pela qual nos relacionamos com a vida.

Em resposta a essa nova organização, a casa tem se mostrado mais orgânica, dinâmica e universal. Se ela nasceu e se desenvolveu como sinônimo de abrigo e proteção, por meio dos computadores e *gadgets* ela perdeu sua barreira física, tornando-se sinônimo de liberdade. O "lá fora" agora também está "aqui dentro", e caberá a nós, a partir dessa nova consciência, transformá-la em um laboratório para viver o mundo em segurança.

Nesse trajeto evolutivo, graças ao fácil acesso a informações sobre como ter espaços decorados, pudemos ampliar nosso conhecimento cultural e estético, fazendo que a decoração deixasse de ser um recurso superficial para se tornar uma ferramenta no planejamento estético dos interiores; que seus moradores, estimulados pelo desejo de viver em espaços belos e harmônicos, tivessem condições de visualizar suas ideias e criações, abrindo a possibilidade de se reinventarem por meio da morada.

Desde então, a busca por esse modo de vida mais integrado com o lugar onde moramos tem aberto nossa mente ao desenvolvimento de novos conhecimentos e habilidades para lidar com o espaço, construindo aprendizados por meio do reconhecimento das texturas e das cores, de diversos materiais e da iluminação.

Na onda *maker*, estamos nos descobrindo designers de nós mesmos e, instintivamente, recorrendo à nossa origem primitiva, a fim de reaprender a lidar com a linguagem dos símbolos e seu poder mobilizador de criar uma forma do morar na qual possamos nos sentir mais inteiros e integrados.

O design de interiores, por meio de ferramentas como blogs, sites, mídias sociais, cursos e livros, tem se potencializado como uma metodologia capaz de estimular a nossa essência criativa, o nosso vínculo estético e a nossa ação autoral, para nos ajudar a criar lugares que sejam vivos, representando uma nova consciência da expressão das nossas qualidades humanas, que neste livro eu chamo de poderes da alma.

Pois será por meio das nossas escolhas cotidianas, aparentemente banais e corriqueiras, que se esconderá a oportunidade de costurarmos valores humanos profundos, que nos coloquem em contato com as forças curativas que habitam em nós, como a beleza, o amor, a verdade e a paz, transformando a casa em um lugar sagrado onde abundem a fecundidade e a prosperidade, um lugar de reflexão, capaz de favorecer a nossa relação com o mundo de uma forma mais confiante e organizada.

PARTE I.

O MUNDO

Tudo que acontece no mundo, criado por alguém, descoberto e até disputado vai acabar, de uma forma ou de outra na casa das pessoas. As guerras, as fomes, a Revolução Industrial – tudo isso está lá, no seu sofá e na cômoda, escondido nas dobras das cortinas, na maciez dos seus travesseiros, na tinta das paredes, na água das suas tubulações. Assim, a história da vida doméstica não é apenas uma história de camas, sofás, fogões como eu vagamente supunha [...]. As casas não são refúgios contra a história. É nelas que os fatos históricos vão desembocar.

Bill Bryson, *Em casa: uma breve história da vida doméstica*

Com o intuito de dar forma ao potencial transformador que a casa guarda, nesta primeira parte do livro convido você a trilharmos juntos a maneira pela qual ela se desenvolveu, para entender como somos influenciados por interesses externos a ela.

Procurei trazer referências significativas para esse entendimento de como a casa foi concebida e construída com base nos modos de vida e no despertar da consciência dos seus moradores.

Nesse trajeto, será importante iniciarmos pelo reconhecimento das heranças comportamentais e das transformações funcionais e estéticas que estão enraizadas em nós, muito mais do que poderíamos imaginar, para então nos libertarmos das fórmulas e dos formatos que nos têm sido impostos.

Antes de contar a nossa história, a casa conta a história do seu desejo de existir, e torna-se fundamental ouvi-la para reconhecer aquilo que é original e nos faz vibrar o coração e aquilo que nos foi imposto e já não mais nos faz sentido.

Segundo o professor de filosofia Nichan Dichtchekenian, estudioso da fenomenologia, a casa é a parte do mundo que recebemos para viver no mundo em paz.

Esse é um bom momento para se perguntar: **QUAL A CASA QUE MORA EM VOCÊ?** Reconhecê-la como lugar da paz é o primeiro passo para transformá-la em um lugar onde pulsam e se manifestam a força criativa e o prazer interior que habitam em todos nós.

CAPÍTULO 1.
O MUNDO MEDIEVAL

Podemos descrever como as pessoas da Idade Média comiam, se vestiam, mas nada disso vai fazer muito sentido se não tentarmos entender como elas pensavam.

Witold Rybczynski, *Casa: pequena história de uma ideia*

Nosso caminho em busca da casa se inicia na Baixa Idade Média (1300-1500), especificamente no fim do período feudal, época de predomínio das atividades agropastoris e marcada por seus GRANDES CONTRASTES: a religiosidade e a avareza, a delicadeza e a crueldade, a suntuosidade e a imundície, o ascetismo e o erotismo, todos esses cenários coexistiam.

OS AMBIENTES, A INTIMIDADE E A FALTA DE PRIVACIDADE

No interior das casas, a falta de um sistema eficiente para a exaustão fazia que se vivesse sob o temor dos incêndios e das intoxicações. Os ambientes eram esfumaçados e careciam de um aquecimento para tornar melhor a vida dentro delas.

O significado de intimidade resumia-se a um simples – e, na maioria das vezes, carregado de culpa – diálogo com Deus, que nesse período estava no centro de todas as explicações.

Nas moradias – a nobreza nos castelos, o clero nos mosteiros e a burguesia, composta por ricos comerciantes –, adotou-se a arquitetura como símbolo de austeridade e poder. Internamente, essas casas tinham poucos móveis, a grande maioria deles portátil (daí a origem dos termos "mobília", "móvel"). Eram pensados para ser levados de um lado para o outro ou, então, desmontados. O mesmo com as tapeçarias, que eram utilizadas penduradas nas paredes ou sobre as mesas e deveriam ser fáceis de enrolar, não apenas pelo uso diário na casa burguesa, que exigia uma flexibilidade com o espaço, como também para atender à demanda das viagens dos nobres, que possuíam várias residências e se deslocavam com frequência.

Para a maioria da população, pobre, a moradia mantinha características primitivas quanto ao uso de materiais. Muitas vezes, dormia-se no mesmo ambiente que os animais, em espaços muito reduzidos, que mais se adaptavam à vida do que representavam um lar ou mesmo uma casa.

Em meio a essa discrepância social para aqueles que moravam nos burgos, pequenas cidades muradas, e, mais tarde, nas cidades propriamente ditas, a casa funcionava como um ponto de encontro que, de certa forma, exercia o papel de igualar a todos.

Como não existia a consciência da individualidade e da intimidade, as famílias e seus criados viviam no mesmo espaço de maneira comunitária. Não raramente se agrupavam até 25 pessoas para comer, trabalhar e dormir. As camas eram tão grandes que poderiam acomodar várias pessoas. E, embora já houvesse algumas regras de higiene, elas ainda eram precárias. Além do número elevado de moradores e da coabitação com animais, convivia-se com ratos, pulgas, percevejos e, consequentemente, com infecções (Zabalbeascoa, 2013).

POUCO ESPAÇO E MUITA ROUPA

Nas casas mais abastadas e nos palácios, ao mesmo tempo que se dava importância exagerada às regras sociais e às formalidades, fazendo que um pomposo cumprimento levasse minutos, pouco se conhecia sobre questões de privacidade; e a noção de conforto, apesar de existir desde a Grécia Antiga, até esse momento não era tida como necessária. Seus habitantes trajavam roupas suntuosas, ricamente adornadas, mas se sentavam em bancos totalmente sem conforto. A cadeira, quando existia, só podia ser utilizada por alguém importante, e mesmo assim raramente se recostava nela. Assentos duros garantiam que fosse mantida uma postura ereta e imponente, enquanto a grande maioria se apoiava nos móveis ou se acomodava agachada pelos cantos (Rybczynski, 1996).

O clima geral era de algazarra; não havia uma preocupação com a organização e a estética dos ambientes, que eram multifuncionais, sem uma finalidade específica.

Em razão do alto adensamento das construções dentro das muralhas, a maioria das casas burguesas tinha apenas dois ambientes, geralmente longos e estreitos. Com o passar do tempo, algumas se expandiram, assemelhando-se a prédios de apartamentos, com os andares superiores utilizados para depósito ou para alugar, denunciando que já naquela época havia pessoas que não trabalhavam e moravam na mesma cidade.

No andar térreo, o grande hall constituía o espaço mais próximo à rua, onde todos se encontravam para realizar negócios ou simplesmente se divertirem.

Como em um tabuleiro, as pessoas levavam consigo a escassa mobília, adequando o cenário entre as horas de alimentação, trabalho e descanso. O mesmo fogo que aquecia o ambiente era o que se utilizava para cozinhar.

A mesa constituía o lugar não apenas das refeições mas também dos negócios. Durante à noite, fazia as vezes de cama, não só para uma pessoa mas para várias, que ali se acomodavam para o pernoite. Baús serviam como estoque, assentos e até como uma espécie de cama. As roupas dentro deles transformavam-se em um improvisado e nada confortável colchão.

Os banheiros eram quase inexistentes. As pessoas utilizavam urinóis e, quando precisavam defecar, criados traziam cadeiras que se assemelhavam a caixas e que atendiam às necessidades dos senhores. A água suja e os detritos eram despejados diretamente nas ruas ou nos rios próximos, um hábito que originou pestes responsáveis por dizimar grande parte da população da Europa. A lavagem das mãos se dava em tinas que se espalhavam pela área externa, e o banho era considerado muito mais um ritual do que um hábito de higiene: só ocorria em eventos especiais, como casamentos, banquetes e afins. Calcula-se que nesse período as pessoas tomavam, no máximo, seis banhos por ano (Zabalbeascoa, 2013).

A VIDA MEDIEVAL E O DESIGN DE INTERIORES

Se a vida medieval teve alguma contribuição para o design de interiores e os interiores domésticos, pode-se dizer que foi graças à elite, composta pela nobreza, pela nascente burguesia e pelo clero.

Arquitetos, escultores, pintores de afrescos e trabalhadores em metal eram os responsáveis pela ornamentação dos ambientes, que estava muito mais relacionada à arquitetura e deveria mostrar a pujança de seu proprietário do que aos móveis, os quais, como dito antes, eram mais utilitários e escassos. Por esse motivo, muito da criação dessa época esteve relacionado a temas religiosos, influenciando também o estilo dos móveis que mais tarde surgiriam nesses ambientes, como a mesa para refeições, o já citado baú, o banco e a gaveta.

A historiadora Phyllis Bennett Oates (1991) descreve que somente por volta do século XV, no **RENASCIMENTO**, com os estudos das formas e da geometria, os artistas e arquitetos revisitaram a Grécia Antiga, fazendo ressurgir o interesse pela arte e pela cultura clássicas. As cidades que mais tarde formariam a Itália, por abrigarem a sede da Igreja católica e ricos mercadores, tornaram-se as grandes financiadoras das artes e da artesania renascentista, que se desenvolveram valorizando a austeridade, os traços mais sólidos e cartesianos, e **O EQUILÍBRIO E A HARMONIA** das formas.

No século XVI, com a Igreja católica tendo seu domínio ameaçado pela Reforma Protestante, o Renascentismo entrou em declínio para ser substituído por um estilo menos rígido, reconhecido por seus apelos mais decorativos, repleto de ornamentos e teatralidade, que pregava uma certa espiritualidade ao mesmo tempo que se utilizava de todos os meios materialistas para acentuar o apelo visual e emotivo e estimular a piedade e a devoção (Gibbs, 2010).

Ao se impor como movimento artístico dominante (entre o final do século XVI e o início do século XVIII), o **BARROCO** ultrapassou as fronteiras das cidades que viriam a formar a Itália e aportou com seus ornamentos no sul do território da atual Alemanha, na Áustria, na Espanha, na França e na Inglaterra.

EIS QUE CHEGA A LUZ SOBRE OS HÁBITOS DE UMA ÉPOCA

Na passagem do século XVII para o XVIII, o pensamento teocêntrico – segundo o qual Deus estava no centro de tudo – começou a perder a força e ser sobreposto pelo antropocentrismo, marcando o início do Iluminismo, que, com a Primeira Revolução Industrial, deu ênfase ao uso da razão para dirigir o progresso da vida em todos os aspectos.

Como palco dessas mudanças, a casa evoluiu para tornar-se mais sólida: a madeira foi substituída pela pedra, e teve início o seu processo de compartimentação. De um espaço único centralizado ao redor do fogo, cresceu de tamanho e, por meio de tábuas e vigas no teto, ganhou uma escada interna e um segundo andar, estabelecendo uma diferenciação social entre seus moradores e a grande maioria, que habitava o térreo.

Com o avanço da tecnologia dos fornos e das lareiras, também foi possível o aumento do número de ambientes, e os quartos, ainda sem uma função preestabelecida, começaram a proliferar, permitindo que a casa deixasse de ser pública para ganhar um certo caráter de intimidade, tornando-se, paulatinamente, uma casa de família.

A cozinha foi levada a uma área adjacente, e os poucos banheiros que existiam davam para fossas subterrâneas que, com o tempo, foram contaminando as fontes de água e os rios, contribuindo para novos surtos de pragas e doenças.

> Em geral o primeiro passo era construir uma grande sala no andar de cima, chamada "grande câmara", onde o senhor e sua família faziam tudo o que antes faziam no saguão – comer, dormir, descansar e se divertir –, mas sem tanta gente em volta, descendo para o grande salão no andar térreo apenas para banquetes e ocasiões especiais. Os criados pararam de fazer parte da família [...]. A ideia de ter um espaço pessoal, hoje tão natural para nós, foi uma revelação. As pessoas queriam mais e mais privacidade. Logo, não bastava viver separadamente dos inferiores; também era preciso ter condições de viver separadamente de seus iguais
> (Bryson, 2011, p. 76).

O ==ILUMINISMO== transformou e revolucionou os costumes da época, despertando questões subjetivas em torno do morar até então inexpressivas, como ==A PRIVACIDADE E O PRAZER==, os quais foram aos poucos sendo associados ao bem-estar físico e à estética, passando a ter maior importância. Foi o início de uma nova consciência que então relacionaria o interior da mente das pessoas com os interiores domésticos.

Esse novo modo de pensar gerou mudanças que foram se espalhando por vários países europeus e se adequando aos usos e costumes regionais de cada um. Por volta do século XVII, nos Países Baixos, então o maior centro financeiro e portuário da Europa, surgiram inovações na forma de construir as casas, como consequência da adaptação, para a vida urbana, da *expertise* naval de lidar com a umidade e as forças da natureza nas embarcações.

Os neerlandeses eram habitantes das cidades – nem camponeses nem aristocratas – e formavam uma grande camada intermediária na sociedade, composta por artesãos, advogados, médicos, eruditos, arquitetos, clérigos, mercadores e especuladores do comércio exterior, além, é claro, de navegantes.

Guiados pelo fervor protestante, que pregava a ponderação, os neerlandeses, por meio da arquitetura, instituíram modos familiares que se assemelham aos modelos vividos até hoje, como a compartimentação dos espaços, que afastava o núcleo familiar do núcleo de funcionários e tornava o território da casa definitivamente íntimo e privado.

> A privacidade e a domesticidade, as duas grandes descobertas da era burguesa, surgiram naturalmente nos Países Baixos. Até o século XVIII, já haviam se espalhado pelo resto da Europa setentrional – Inglaterra, França e os estados alemães. A casa e seus moradores haviam mudado, física e emocionalmente; ela deixou de ser um lugar de

> trabalho, diminuíra em tamanho e, o que é mais importante, tornara-se menos pública
> (Rybczynski, 1996, p. 87).

Com o surgimento da área íntima, o trabalho foi aos poucos se distanciando, ou seja, o homem passou a ficar mais tempo fora de casa, dando espaço para a mulher, que ficou responsável pelos cuidados com a moradia e seus filhos, consequentemente tornando o ambiente doméstico mais feminino, limpo e com regras. Foi a partir de então que o conforto adquiriu o sentido de bem-estar físico e de prazer.

Em um movimento paralelo no mesmo período, a França passou a chamar a atenção para si, ditando tendências em termos de moda e estilo. A professora e historiadora Joan DeJean (2012), no livro *O século do conforto*, conta que a partir de 1670 morar confortavelmente tornou-se tão desejável quanto possível em larga escala, fazendo que o conforto e a informalidade passassem a ser apreciados como estilo e emergissem como prioridade na arquitetura, na moda, no design de móveis e na decoração.

Luís XIV, o grande monarca da época, encomendou extraordinárias intervenções a vários arquitetos, entre eles Charles Le Brun, reconhecido como o primeiro profissional da história especializado em decoração. Com isso, a decoração resultou em um estilo próprio francês, no qual os móveis foram elevados ao nível de belas-artes como parte da decoração de interiores. A disposição escassa e improvisada do mobiliário foi substituída pelas regras de uma arrumação rígida, com a função de realçar a arquitetura do local onde estivesse.

O ELEMENTO FEMININO E A REVOLUÇÃO DOS INTERIORES DA CASA

A partir desse período, o elemento feminino tornou-se um dos mais importantes na revolução dos interiores da casa. As mulheres, como organizadoras do núcleo familiar e como criadoras de possiblidades dos usos e costumes, desempenharam um papel importante na história da decoração. Somente graças a essa nova visão, casa e trabalho passaram a ter o seu devido lugar, com suas especificidades cada vez mais definidas, e se desenvolveu uma consciência interior que deu às casas um toque especial nos aspectos físico e emocional e lhes conferiu ARES MAIS INTIMISTAS.

Se nos Países Baixos a casa ficou mais saudável e as mulheres puderam organizar os seus interiores e cuidar deles, concomitantemente na França elas desempenharam um papel importante no processo de trazer feminilidade aos ambientes. Essa presença se deu por intermédio das influentes anfitriãs e das amantes do rei, que interferiam na renovação dos palácios e dariam início a um movimento que caminhou no sentido oposto ao da rigidez e da formalidade características da decoração da época. O toque feminino certamente teve consequências diferentes na França em relação à domesticidade dos neerlandeses, mas foi um passo da mesma importância para a evolução do lar.

O fim do domínio da austeridade nos usos e costumes ficou marcado por uma revolução dentro do Palácio de Versalhes, quando a marquesa de Montespan, então uma das amantes de Luís XIV, e um grupo de nobres uniram forças para promover o ROCOCÓ, o primeiro estilo desenvolvido exclusivamente para os interiores, resultando em VALORIZAÇÃO DO CONFORTO (Rybczynski, 1996). Os ambientes foram invadidos por uma variedade de móveis que passaram a ser estofados, buscando uma informalidade nunca vista até então e que se misturava ao ainda rígido estilo barroco da época.

Com a morte de Luís XIV, a corte mudou-se de Versalhes para Paris, influenciando os modos da alta burguesia, que passou a viver em mansões individuais, também conhecidas pelo termo *hôtel*, decoradas com ostentativo mobiliário luxuoso. Nesses espaços, os arquitetos priorizavam as aparências e o conforto, embora os quartos ainda se mantivessem interligados, sem corredores, comunicando-se através de portas enfileiradas que ofereciam uma visão ampla e encarrilhada de um lado a outro da casa.

Porém, mesmo com os interiores ainda carecendo de privacidade, a decoração tomou importância, destacou-se e ganhou popularidade com os cronistas culturais, que passaram a escrever sobre objetos e espaços comuns que se tornavam repentinamente extraordinários, pois ganhavam novas formas e projetos, radicalmente diferentes. Cadeiras, mesas, camas e quartos passaram a ser assuntos amplamente comentados em cartas, diários, jornais e até mesmo em guias de decoração.

> Os móveis não eram mais um simples equipamento, mas eram considerados posses valiosas e começaram a ser parte da decoração do cômodo. Geralmente eram feitos de nogueira em vez de carvalho ou (se fosse mais caro) de ébano (Rybczynski, 1996, p. 52).

Em consequência, os arquitetos deixaram de se concentrar em fachadas imponentes, na grandiosidade externa das construções e em deslumbrantes ambientes para recepções. O foco passou a ser o design de interiores, os ambientes onde se vivia o cotidiano. As necessidades particulares de seus clientes se tornaram prioridades para os projetistas e artesãos, que se puseram a desenhar as casas em torno das ==DEMANDAS DA VIDA FAMILIAR==, do descanso e da amizade.

Embora o estilo se mantivesse suntuoso, as formalidades foram substituídas pela vivacidade, pela harmonia entre grandiosidade e intimidade, fazendo que o conforto e a informalidade definitivamente emergissem como prioridades em domínios que variavam da arquitetura e da moda ao design de móveis e à decoração de interiores.

Em 1728, o jovem Luís XV, influenciado por sua amante, madame de Pompadour, decidiu quebrar as maciças paredes de Versalhes para construir banheiros com água encanada e espaços onde pudesse descansar. Ao que parece, assim como ocorre em muitas reformas nos dias de hoje, teve de repeti-la várias vezes até que o sistema funcionasse perfeitamente. Assim, as palavras *commodité* (comodidade) e *commode* (conveniente) entraram oficialmente para o vocabulário dos arquitetos, que, a partir de então, promoveram uma revolução nos interiores.

Os mobiliários e os ambientes representavam os hábitos dessa época, um período em que as pessoas buscavam a alegria, vivendo com prazer e diversão. Os móveis, principalmente as cadeiras, deixaram de ter uma função ritualística e passaram a exibir conforto e uma maneira de estar à vontade, tornando-se um objeto decorativo que convidava a sentar, sendo aprazível tanto aos olhos quanto às nádegas. Hábitos simples e prazerosos, como sentar juntos para ouvir música, relaxar e jogar cartas, começaram a ser aceitos no convívio público.

A crença na importância do design de interiores difundiu-se não apenas nas camadas sociais mais altas. Se antes a arquitetura dos cômodos era a arquitetura das fachadas, voltada para dentro, agora ela começava a ser desenvolvida literalmente para o interior doméstico, realçando as casas porta adentro e fazendo uma clara distinção entre a decoração de interiores e a arquitetura.

Outra curiosidade herdada dessa época está no fato de que as casas eram personificadas, batizadas com nomes próprios, assim como ocorre com chácaras, sítios e fazendas nos dias de hoje. Hábito mantido por alguns arquitetos e designers de interiores como uma forma de trazer mais personalidade e intimidade ao projeto. A partir do século XX, com a evolução da industrialização e com a casa tendo maior valor econômico do que emocional, os números substituíram os nomes e essa prática foi abandonada pela grande maioria dos seus moradores.

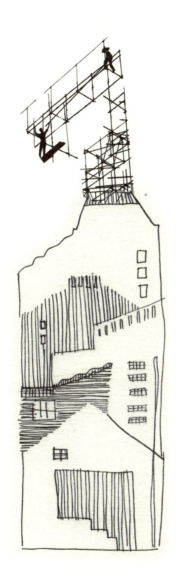

CAPÍTULO 2.
O MUNDO INDUSTRIAL

> A invenção da classe média injetou novos níveis de demanda na sociedade. De repente surgiu um enxame de pessoas com residências esplêndidas, todas necessitando de decoração; e de repente o mundo estava cheio de objetos desejáveis para preenchê-las. Tapetes, espelhos, cortinas, móveis estofados e bordados e mais uma centena de coisas que raramente se encontravam nas moradias antes de 1750 então se tornavam comuns.
>
> Bill Bryson, *Em casa: uma breve história da vida doméstica*

Com a Revolução Industrial, instaurou-se o domínio da economia capitalista, promovendo uma grande mudança no modo de produzir e nas relações comerciais, com consequências em quase todos os aspectos da vida cotidiana. De acordo com o pensamento da Reforma Protestante, ocorrida no século XVI, o lucro e os juros, condenados pela Igreja católica, tornaram-se mecanismos moralmente liberados. A prosperidade econômica começou a ser vista como o melhor exercício da dignidade, impondo uma nova ética em que a honra, a disciplina e o trabalho duro passaram a constituir valores a serem almejados.

Essa nova relação, pautada pelo avanço tecnológico das máquinas a vapor e pelo uso de combustíveis fósseis, acelerou a vida, proporcionando uma nova consciência que transformou rapidamente o modo de pensar da sociedade da época. A aquisição e a acumulação de capital se tornaram indícios de mérito individual.

A CASA ORGANIZADA DE FORMA TRIPARTIDA

A França, que já tinha passado por sua famosa revolução em 1789, com rei e rainha guilhotinados, continuava ditando tendências no mundo da decoração, mantendo a valorização dos modos de morar e receber e influenciando todo o mundo ocidental. O pensamento racional e os novos hábitos, oriundos de uma vida apinhada nas cidades, exigiam novos formatos arquitetônicos que melhorassem as condições de higiene, e assim a casa passou a se organizar em uma configuração interna tripartida: área social, destinada à família e à recepção de convidados; área íntima, onde ficavam os quartos; e área de serviços, formada por cozinha e lavanderia, então denominadas espaços de rejeição e cujo uso era destinado aos serviçais.

O grande sucesso dessa nova configuração se deveu à **INVENÇÃO DO CORREDOR**, espaço estreito e comprido que não só permitia acessar os quartos de dormir discretamente, garantindo a **PRIVACIDADE** dos seus moradores, como também possibilitava o aumento desses ambientes, refletindo uma organização na qual os filhos não mais dormiam no mesmo quarto que seus pais.

Ao conforto e à privacidade juntou-se o conceito do ambiente doméstico, que buscou, por meio de sua origem etimológica – a palavra "domesticar" –, unir o conjunto de emoções sentidas pelo lar a uma estruturação familiar domesticada. Nessa estrutura, as mulheres deveriam se ocupar da função e do cuidado com a casa e os filhos, enquanto os homens, além de mantê-la economicamente, para ela retornariam ao final da jornada de trabalho.

Internamente, aspectos tão diferentes como o estofamento e o encanamento saíram da Idade da Pedra para a Modernidade. As casas passaram a apresentar mais ambientes, surgiram os apartamentos ampliados, com cinco ou mais cômodos, e cresceu a ideia de que, nos interiores de uma moradia, não bastava que ela fosse bem arrumada; ela também deveria ser decorada.

INÍCIO DA VIDA MODERNA, EIS QUE SURGE A CLASSE MÉDIA

Por volta de 1745, na Inglaterra, que estava mais bem estruturada em termos de riqueza, surgiu a expressão "classe média", para identificar uma classe socioeconômica que não existia antes como força participante na sociedade e composta por pessoas com boas possibilidades financeiras, como banqueiros, advogados, artistas, editores e comerciantes, entre outras. Dotada de ambição e espírito criativo, essa classe se potencializou, fazendo a diferença no mundo moderno e servindo não só aos muito ricos mas, também, de forma ainda mais lucrativa, uns aos outros.

Em 1851, pleno fervor da era industrial, um censo realizado na Inglaterra e no País de Gales apontou que um grande número de pessoas havia deixado os campos para viver nas cidades. Surgiram as multidões urbanas em escala nunca vista. As saídas para o trabalho e para a diversão passaram a ser em massa, dado o grande contingente humano.

A Exposição Universal de Londres, realizada no Palácio de Cristal no mesmo período, representou um marco para os avanços do convívio social. Foi a primeira vez e foi o primeiro local em que classes sociais diversas se reuniram e se misturaram em íntima proximidade para conhecer uma série de avanços tecnológicos que marcariam definitivamente o início da vida moderna, entre eles a invenção dos banheiros tal qual conhecemos hoje.

A produção artesanal, que até então valorizava a detenção do conhecimento por meio da cultura do fazer, viu-se fragmentada pela indústria, que, sob o pretexto de transformar e melhorar as condições de vida, afastou-se do objeto natural na tentativa de dominar e controlar o mundo por meio do trabalho em forjas e minas.

A produção dos bens materiais, que mantinha uma relação harmônica e de equilíbrio com a natureza, redundou em exploração dos recursos naturais da Terra para atender a uma crescente parcela consumista, desenvolvendo-se em um ritmo de hostilidade e dominação, com o objetivo de favorecer a produção em detrimento da qualidade.

O valor da natureza perdeu seu aspecto passivo e contemplativo e passou a ser mensurado pelos interesses humanos, como fonte de alimento, matéria-prima ou diversão.

Esse período foi marcado por um design com uma forte referência na ornamentação floral, que influenciou desde fachadas até objetos internos domésticos, preenchendo espaços e decorando ambientes os quais, ao mesmo tempo que enfeitavam o cotidiano, simbolizavam o início da perda da relação que o homem mantivera com a natureza até então.

O PROGRESSO CHEGOU IMPONDO NOVA ORDEM E CRITÉRIOS ÀS HABITAÇÕES

O progresso se tornou um fim, uma busca frenética a ser conquistada a qualquer preço. Com o avanço da tecnologia sobre os combustíveis, duas invenções da época tornaram ainda mais desejável estar no ambiente doméstico: o candeeiro a gás, que inicialmente iluminou as ruas e os prédios públicos e aos poucos foi adentrando as residências, e a ventilação, a qual tornou os ambientes menos esfumaçados e mais claros e arejados, aumentando a consciência acerca da limpeza, tanto a pessoal quanto a da casa.

Com o consumo massificado, houve um aumento da oferta de empregos. Os empregados domésticos, em busca de uma vida melhor, migraram para as indústrias, e em consequência da escassez de mão de obra surgiu a necessidade de redução do tamanho das casas.

Os **ESPAÇOS DOMÉSTICOS** foram se tornando **MAIS FUNCIONAIS**, tanto para o uso como para a limpeza. A cozinha, que ficava no porão ou do lado de fora da casa, migrou para o andar térreo e ficou próxima à sala de jantar, rivalizando com a sala de estar, o ponto focal da vida familiar. Auxiliada pelos eletrodomésticos que facilitavam as tarefas e permitiam economia de mão de obra, a dona de casa passaria a cuidar diretamente da casa.

As paredes foram revestidas com papel lavável, e seu projeto passou a ser cuidadosamente pensado segundo o mesmo raciocínio por trás das linhas de montagem das fábricas. A mesa e todo o restante dos equipamentos, além de terem uma altura padronizada, buscavam obedecer a uma ordem que favorecesse condições de trabalho mais propícias e velocidade no preparo dos alimentos.

Para que isso acontecesse, foi necessário que as tubulações também evoluíssem, e com elas, assim como a cozinha, os banheiros começaram a adentrar as construções. Primeiro, nos prédios comerciais, como os hotéis; mais tarde, nas residências, só que agora não mais por uma influência europeia, mas dos Estados Unidos, segundo a qual a cultura da informalidade e a noção de igualdade agregaram novos valores à casa. A bacia e o jarro presentes nos banheiros e utilizados para a lavagem das mãos passaram a ser embutidos no tampo do gabinete, formando a cuba com torneira tal qual como conhecemos nos dias de hoje.

Tomava-se banho em tinas de madeira – as "avós" das banheiras –, e o chuveiro ainda era um item muito raro. Foi somente após 1930 que o banho deixou de ser associado ao prazer e ao luxo e seu uso foi relacionado à ideia de higiene e limpeza.

O SÉCULO XX TROUXE NOVOS PAPÉIS À MULHER E AMPLIOU O JEITO DE MORAR

O século XX foi marcado pelas duas grandes guerras, e a mulher, até então mais limitada aos serviços de mãe e esposa, na falta da mão de obra masculina (que havia sido enviada para as trincheiras) atendeu ao chamado da indústria, passando a compor o mercado de trabalho.

Com o término da Segunda Guerra Mundial (1939-1945), o contingente feminino não retornou ao lar e continuou abrindo espaço não apenas na indústria mas também no comércio. Entre as mulheres mais pobres, o trabalho fora de casa era uma necessidade; entre as mais abastadas, uma conquista de posição.

Dentro das residências, os corredores e os halls diminuíram de tamanho e, em muitos casos, foram eliminados. Sob a influência do estilo de vida prático dos Estados Unidos, os ambientes foram integrados pelo conceito de cozinha americana, separada da sala por um balcão. Para agregar o espaço do banheiro, parte da casa se estendeu para fora, em direção aos pátios internos dos prédios, ou sacrificou um dos cômodos existentes. A banheira teve seu tamanho reduzido e nela foi acoplado um chuveiro, como resultado dos processos modulares desenvolvidos pela indústria norte-americana para reduzir custos. Finalmente, o banheiro se tornou mais popular.

Outra importante mudança no cotidiano familiar consistiu nos diversos aparelhos criados para facilitar a vida doméstica e para o lazer, como o rádio e a televisão. Segundo a historiadora Anatxu Zabalbeascoa (2013) conta no livro *Tudo sobre a casa*, em 1958 havia mais televisores do que banheiros nos Estados Unidos, e as pessoas estavam mais dispostas a dividir o banheiro do que esse aparelho.

Em resposta a uma demanda crescente do mercado imobiliário e atendendo à pressão industrial para acelerar e facilitar os processos construtivos por meio de sistemas pré-fabricados, o ==ESTILO MODERNISTA== ascendeu. Com esse estilo, que valorizava uma ==ARQUITETURA LIMPA==, simples e prática, tornou-se possível construir para um maior número de pessoas.

A RECESSÃO CHEGOU, VESTIDA DE BEGE!

Mas essa felicidade durou pouco, e os anos de reconstrução e prosperidade do pós-guerra terminaram com a primeira crise do petróleo. Depois da Guerra dos Seis Dias (ou Terceira Guerra Árabe-Israelense, travada em 1967), as cotações do petróleo multiplicaram-se por quatro em um espaço de três meses, atingindo duramente as economias ocidentais, dependentes desse recurso para a produção de energia. A penúria repentina tornou-se também a primeira concretização econômica acerca do limite dos recursos naturais (Kazazian, 2005).

Restaurantes e estabelecimentos de entretenimento perceberam uma redução no público noturno. Dentro de casa, a TV passou a transmitir filmes, enquanto a vida fora dela era confrontada com mazelas diversas: a guerra fria entre Estados Unidos e Rússia, a poluição sonora, a degradação ambiental, a epidemia da então desconhecida aids, o surgimento do crack.

A casa transformou-se em ==FORTALEZA==, munindo-se de trancas e grades e fechando-se em prédios e condomínios. A indústria da moda, refletindo a profunda mudança na maneira pela qual as pessoas estavam vivendo em tal cenário de insegurança e incerteza, pouco a pouco substituiu as cores vibrantes dos anos 1960 e 1970 pelo bege, a cor símbolo desse novo momento.

No vestuário e na decoração, surgiu um estilo que propunha uma sobreposição de peças em tons neutros, inspirada no mimetismo da natureza e na camuflagem da guerra para reproduzir, na casa, um padrão estético inibidor de qualquer registro de emoções.

A casa toda bege representou um marco na decoração contemporânea, tornando-se hegemônica. É um estilo que se mantém almejado até os dias atuais, associado à ==busca por paz e tranquilidade== diante de um mundo inóspito. Variações desse tom surgiram acompanhadas por um estilo informal, que valorizava o modo de vida despojado. Mas o bege também é a cor da ==neutralidade==, que não permite saber verdadeiramente o que pensa, do que gosta e a autêntica opinião de quem vive ali. Seu poder neutralizador é tamanho que guarda a destreza de esconder não só a sujeira como também a idade das peças e dos objetos que se vestem nela.

Entramos nos tempos em que, para nos destacarmos e sermos aceitos em círculos sociais, precisávamos nos tornar iguais. Pensar e emitir opiniões de forma autêntica tornou-se perigoso.

Nos Estados Unidos, pressionados pelo repentino aumento dos valores imobiliários e em busca de lugares baratos para viver, artistas (relacionados em sua maioria à música, à arte e à arquitetura) ocuparam o bairro do Soho, na cidade de Nova York, transformando uma área antes industrial, caracterizada por fábricas e frigoríficos, em moradias e locais de trabalho. A planta livre, os ambientes integrados com a presença do mezanino, as janelas amplas valorizando a iluminação natural, as tubulações hidráulicas, as estruturas aparentes, feitas de materiais rústicos como o tijolo, o concreto estruturado por vigas e os pilares de aço e madeira dos chamados lofts apontavam para uma nova forma criativa e um jeito de morar e decorar nunca antes percebido. Com o ruir das paredes, o modelo de casa tripartida, até então o ideal de moradia, passou a ser confrontado por outras possibilidades e realidades. O desejo por um estilo de vida mais jovem e, principalmente, mais barato tornou-se fonte de inspiração para o restante do mundo.

A CULTURA DO CONSUMO E A FINITUDE DO PLANETA... O PROBLEMA É DE TODOS!

Nos meios de comunicação, começaram a surgir notícias de que o consumo humano dos recursos naturais da Terra estava superando o que o planeta era capaz de repor, em parte como consequência do modo de vida herdado do padrão estadunidense e do aumento da população no hemisfério sul, que adotou para si a cultura do consumo.

Teve início a demanda por produtos pensados para respeitar o meio ambiente. Surgiram pesquisas científicas e livros que reforçaram a gravidade do assunto, fazendo que a ecologia e a ==SUSTENTABILIDADE== se tornassem matéria escolar, coincidindo com a popularização dos computadores no ambiente doméstico. As pessoas passaram a ter acesso a novas fontes de notícias, e, com a perda do controle das informações, as gerações mais novas começaram a buscar novos valores e a questionar o sistema de produção.

As respostas encontradas deixaram claro que o problema era de todos. A casa, fonte de segurança da vida, passou a carregar ==SÍMBOLOS DA FINITUDE DO PLANETA== em todos os ambientes: desde os potes e embalagens dos alimentos até o mobiliário e os revestimentos dos pisos e paredes, do combustível utilizado para ir ao trabalho e voltar dele até o tingimento das roupas, tudo polui e destrói.

Jamais me esquecerei de uma cena que mexeu muito comigo. Quando supervisionava a confecção de um deque de madeira que eu havia projetado e que percorria toda a extensão externa de uma livraria na cidade de São Paulo, em um momento minha atenção se deslocou para uma criança que passava pela calçada enquanto questionava sua mãe: "De onde veio essa árvore?". No caso, a árvore era um pínus, madeira de reflorestamento autoclavada, mas, diante daquela pergunta no canteiro de obras, mesmo eu estando consciente de que estava tudo sob controle, senti-me culpado perante a troca de olhares cúmplices vindos da equipe de obras e dirigidos a mim.

A destruição do planeta tornou-se um assunto doméstico, e a mudança dos hábitos, uma responsabilidade individual de cada um, um tipo de interrogação que tem se oposto ao conceito de progresso herdado da Revolução Industrial.

OS EFEITOS DA TECNOLOGIA DIGITAL E O MODELO DE CASA ALTERNATIVO

O mundo então se conecta, e, frente ao avanço digital, surgem opções de mídias que levam para dentro das casas uma dimensão planetária jamais vista. E, com ela, os dramas da degradação ambiental, como as alterações climáticas, os acidentes nucleares e as chuvas ácidas, disseminando um choque de realidade.

Ao mesmo tempo, descobrimos uma liberdade que deu início a um estímulo de vida sem a ordem imposta socialmente. Tornamo-nos responsáveis pela forma de realizar e viver nossos desejos, selecionando as companhias, participando de grupos nas redes sociais e determinando nosso comportamento frente aos desafios e à busca pelo prazer.

Ao mergulharmos nessa nova dimensão na qual o tempo acelera e escasseia, passamos a conviver entre a finitude material e o hiperconsumo que o mundo digital propiciou. Oprimidos pela velocidade e pela simultaneidade, passamos a viver em um presente perpétuo que nos alienou da dimensão de futuro, colocando-nos em uma busca por um prazer instantâneo.

Surgiu um modelo de casa alternativa, que incorporou à decoração termos e técnicas abominados pela elite, a grande propulsora do mercado do design de interiores até então. Reaproveitamento, restauração, reciclagem, *upcycling*, artesanato e improviso, heranças do movimento loft e da cultura do faça você mesmo, espalharam-se pelo mundo da decoração, impulsionadas pelas gerações mais novas, que, ao ficar mais tempo em casa, procuraram transformá-la em um lugar de expressão que se adequasse ao seu bolso e ao seu estilo de vida.

Ao romper alguns laços com o passado, passamos a ter um comportamento mais atento e participativo no planejamento e na ocupação dos espaços. Os serviços dos arquitetos e dos designers de interiores popularizaram-se, visando à comodidade, à distribuição dos espaços, à circulação, a luzes e cores que se conectam à variedade dos materiais para construir, reformar e adornar, tornando os ambientes mais confortáveis, intimistas e funcionais.

SÉCULO XXI — A QUEDA DAS PAREDES TROUXE UMA CASA MAIS POROSA

Começou, então, o exercício de queda das paredes em reformas, reflexo de um mercado imobiliário desconectado dos novos comportamentos e de um design de interiores atento e proeminente. Em alguns casos, o banheiro se integrou ao quarto; em outras propostas, dormitórios e banheiras invadiram a sala, que agora também podia dividir o espaço com a garagem, um ateliê ou uma oficina. A cozinha resgatou sua importância e seu poder simbólico, muitas vezes integrando-se com a sala e novamente se tornando ponto de encontro.

A casa ficou mais porosa, não exigindo tantos acabamentos e revestimentos que a deixassem impermeável e polida. Na busca pela ==REDUÇÃO DE CUSTOS==, uma alternativa consistiu em recorrer aos acabamentos industriais, que, além do visual jovem e provocativo, são mais resistentes e fáceis de ser instalados.

Viu-se o início de um movimento em que a decoração passou a ser utilizada como um exercício de espelhamento de quem somos, "aceitando-se" um pouco imperfeita, deixando que suas cicatrizes e seu jeito próprio de ser se consolidassem para se transformar em um estilo próprio de cada um.

Objetos de decoração passaram a conviver em harmonia com pranchas de surf, bicicletas, skates e máquinas de costura, entre outros diversos objetos, no mesmo ambiente. Obras de arte dividem o espaço com os desenhos e os brinquedos das crianças; quem cozinha passou a adotar equipamentos profissionais ao estilo *chef*, ao mesmo tempo que aqueles que não cozinhavam trocaram o fogão e a coifa pelo forno de micro-ondas. No tempo da casa show, tudo é permitido.

Em nome da casa, tudo passou a fazer sentido. A decoração se tornou menos arrogante, mais permissiva e bem-humorada. A casa decorada se tornou um sinônimo de felicidade.

A partir de então, o design de interiores seguiu em sua história tensionado entre dois modos de pensar a casa: o da busca pelo contato com a realidade e o da fuga dele. De um lado, ambientes superelaborados, repletos de preciosismos e preocupados em seguir fielmente tendências e modismos; de outro, ambientes trabalhados com base em uma criatividade informal, pensados de acordo com os desejos e hábitos de seus moradores, proporcionando qualidade de vida nas ações cotidianas.

MAS ISSO BASTA?

Estes talvez sejam o maior perigo e o maior desafio da decoração em pleno século XXI: criar cenários que nos aproximem de quem somos, contenham a nossa história e nos direcionem a um futuro que seja bom para toda a humanidade, e não um cenário escapista para os seus moradores.

A casa medieval, sua sujeira, a algazarra e a desordem, o modelo de casa burguesa que esconde o desejo de nobreza, a rigidez e o desconforto do estilo barroco, a pompa e a fugacidade do rococó, a cultura do camuflado em sua aura de sofisticação, assim como os diversos estilos que surgiram da ideia da casa decorada, ainda habitam os sonhos e as idealizações da mente humana, continuando a ser amplamente cultuados, desejados e comercializados, porém a um alto custo para o planeta.

Embora muitas vezes seja mais fácil pensar, agir e morar como nos séculos passados, a casa é feita de movimento e já não funciona nos modos rígidos do passado, obedecendo a regras e modismos. Os hábitos mudaram e se dissociaram das regras para que ela, a casa, seja resgatada como território fértil, fonte de imprevistos e exercício de flexibilidade. Olhar para trás não mais deverá ser saudosismo, uma forma nostálgica de conexão a uma época na qual tudo parecia ser melhor, nem mesmo um estilo a ser valorizado, mas uma ferramenta de autocrítica sobre quem nos tornamos.

A partir daí, ==*"EU TENHO"*== deverá buscar o equilíbrio com ==*"QUEM EU SOU"*==.

CAPÍTULO 3.
O MUNDO DIGITAL

> Se a globalização leva à uniformização dos espaços e dos modos de vida, simultaneamente ela é acompanhada por um fortalecimento da individuação, da capacidade de cada um de se apropriar, de transformar sua vida cotidiana conforme seus interesses, seus valores, sua posição e suas estratégias na sociedade. O indivíduo está envolvido em um vaivém permanente entre o global e o local, com o qual deve transitar constantemente para produzir sua diferença. Hoje a questão de identidade se faz cada vez mais viva, e a dimensão especial da sua construção é permanentemente evocada.
>
> Marion Segaud, *Antropologia do espaço: habitar, fundar, distribuir, transformar*

O acesso ilimitado à web popularizou os temas relacionados à estética, que ganharam as conversas do cotidiano. No mundo digital, a vida passou a se desenvolver entre extremos, sob um contexto de transformações ambivalentes: a velocidade e a lentidão, a ruptura e a continuidade.

Oriente e Ocidente, centro e periferia, tradicional e moderno, rural e urbano tornaram-se referências que não mais se antagonizam, mas se complementam e se definem mutuamente, e o design passou ser a ferramenta de conciliação entre os extremos.

A CELERIDADE DA TECNOLOGIA VERSUS TEMPO E ESPAÇO

O avanço acelerado da tecnologia fez que a dimensão do tempo se impusesse sobre a dimensão do espaço, e, desde então, cada um de nós tem se adequado como pode para aprender a conviver em harmonia com as possibilidades de comunicação, que agora se apresentam sob três formas: a forma oral, com os meios audiovisuais, como o cinema e a televisão; a forma escrita, seja ela impressa ou digital, que encontra no design gráfico um "casamento" que une formas, conteúdo e imagens; e a das mídias digitais, que, sem barreiras, corrompe fluidamente as dimensões do tempo e do espaço por meio de computadores, *smartphones* e outros dispositivos. Juntas, elas se complementam e evoluem de forma contínua e cumulativa, oferecendo um extenso menu para atender às novas demandas que surgem.

No campo do design e da decoração, graças aos avanços da indústria, a beleza tornou-se disponível para as massas, com preço e produto acessíveis a todos os tipos de bolso.

A arte, além de exercer seu papel questionador, tornou-se bem de consumo, colidindo com as fronteiras que separavam o autêntico e a cópia, o museu e o supermercado, o feito a mão e o digital, a pesquisa científica e a publicidade. Uma confirmação da premonição feita pelo artista visual Andy Warhol, que, na década de 1960, lançou seu olhar para o futuro, dizendo que um dia todos teriam seus 15 minutos de fama.

Se por um lado a estética representa o mundo da liberdade das escolhas, por outro ela abriu caminho ao engano e à manipulação. Nesse contexto se viram surgir duas formas estéticas, que para Gilles Lipovetsky e Jean Serroy (2015), no livro *A estetização do mundo*, não se excluem, mas se desenvolvem simultaneamente: uma se traduz em *fun morality*, ou seja, o divertimento e o consumo em massa frente à ludicidade das atividades, o novo pelo novo. A outra tem relação com a busca pelo prazer, acessando nosso lado emocional e sensitivo. Como afirmou Bauman (1998, p. 20), "a nova ordem no mundo gerou uma nova ordem na casa".

Da perda das fronteiras que o mundo digital proporcionou, uniformizando os modos de vida e as diferenças culturais, também nasceu o oposto: um fortalecimento da capacidade de cada um de se apropriar, de transformar sua vida cotidiana conforme seus interesses, seus valores, sua posição e suas estratégias na sociedade, favorecendo o desenvolvimento das habilidades criativas. Essas habilidades passaram a nos motivar a uma produção diferencial por meio da cultura da individualidade e da necessidade de nos territorializarmos, para reforçar nossa origem e acentuar as diferenças, valorizando hábitos que contem a nossa história para, então, reconstruir a experiência de um mundo interior, no qual deixamos de ser meros espectadores e nos assumimos como parte indissolúvel dele. Entra em cena a casa no papel de enraizamento.

A reorganização do espaço doméstico

O universo doméstico se reorganizou de acordo com essa nova espacialidade, agora física, emocional e virtual, em que passamos a ter acesso aos mais variados assuntos em torno dos interiores domésticos e da tecnologia da casa. Design, design de interiores, *do it yourself*, decoração, estética, luminotécnica, automação, *surround*, tendências e estilos deixaram de pertencer a especialistas e profissionais do design, indo povoar a mente e o vocabulário de todos que buscam por esse novo modelo do morar.

A casa tornou-se protagonista, e a prova desse destaque foi a explosão do número de blogs e canais digitais sobre o assunto. Ironicamente, na procura por uma identidade criativa, muitos passaram a querer expor como a vida acontece na intimidade.

> [...] você ganha alguma coisa e em troca perde alguma outra coisa. Só que as perdas e ganhos mudam de lugar: os homens e mulheres pós-modernos trocaram um quinhão de suas possibilidades de segurança por um quinhão de felicidade (Bauman, 1998, p. 10).

O modelo familiar de pai, mãe e filhos ampliou-se, trazendo à tona uma nova organização que contempla arranjos diversos: filhos de outras uniões, uniões homoafetivas, solteiros com filhos, cônjuges que moram cada um em seu endereço, recém-separados que retornam à vida de solteiro, filhos adultos que moram com os pais, além do resgate da vida em comunidades, em que as pessoas moram juntas com base em interesses em comum. Sem esquecer o aumento da expectativa de vida, ressignificando o conceito de velhice, que também passa a influenciar os códigos do morar.

Nesse contexto plural, a palavra de ordem passou a ser FLEXIBILIDADE. No lugar da planta tripartida e rígida típica do século XIX ou do espaço loft, todo aberto, surgiu uma proposta maleável, que possibilita vários arranjos, acompanhando as diversas transformações por que passam seus moradores.

Ambientes idealizados para uma única função tendem a desaparecer, e a nova casa, independentemente do seu tamanho, agora tem cômodos polivalentes que se transformam de acordo com as necessidades de seus moradores.

Algumas atividades antes realizadas em público passaram também a ser feitas dentro de casa, que se torna academia, escola, loja, hospedagem, local de trabalho.

Mesmo com a universalização da casa, seus interiores continuam a ser influenciados pelos padrões norte-americanos: a sala de visitas é a de estar ou *living*, e, no mesmo ambiente ou em um ambiente próximo, esse "estar" agrega a sua versão de cinema, ou *home theater*.

Sob o nome de *home office*, áreas de trabalho foram definitivamente associadas à sala, à cozinha, ao corredor, à varanda ou ao depósito, que substituiu o antigo quarto de empregados. A cozinha, com a valorização da gastronomia, manteve-se com o *status* de área nobre, dotada de equipamentos cada vez mais especializados, redefinindo sua posição na planta das casas e no afeto dos moradores. Algumas estenderam seus limites em direção aos quintais e terraços, sob o nome de terraço *gourmet*, resgatando o aprendizado sobre as benesses de cozinhar fora de casa que os portugueses tiveram com os povos indígenas durante a colonização do Brasil.

O banheiro, maior pivô do avanço da tecnologia e o último ambiente a adentrar os domínios da casa, independentemente do seu tamanho, agora é um *spa* de intimidade, onde muitos passam horas sentados, conectados a seus celulares.

ECOCENTRISMO, BIOFILIA E BEM-ESTAR

A partir de então, novas pesquisas em torno do morar apareceram. Alguns sociólogos tomaram como terreno de estudo a estética do habitante (Segaud, 2016); fala-se de habitantes-paisagistas ou de selvagens da arquitetura ou, ainda, dos adoradores das casas, ao se descreverem as maneiras singulares desenvolvidas por certos habitantes para arrumar as suas moradias. Questionando nosso afastamento da natureza, ao movimento da sustentabilidade se juntam os conceitos de ecocentrismo (sistema de valores centrado na natureza), biofilia (conexão dos espaços com a natureza, promovendo bem-estar e conforto para seus ocupantes) e *urban farmer* (fazendeiro urbano).

A biofilia sugere que os seres humanos têm uma conexão emocional com a natureza, ressaltando a importância desse contato com as plantas, a água, a luz solar e os animais para nosso bem-estar físico e mental.

O *urban farm* propõe a produção de alimentos para áreas urbanas densamente povoadas, onde passamos a nos utilizar de pequenos espaços, em menor escala, para a prática de agricultura, muitas vezes dentro de edifícios, em vasos ou em telhados, ou mesmo em hortas comunitárias em praças públicas, utilizando técnicas como hidroponia, aquaponia ou agricultura vertical. O objetivo é proporcionar um senso de conexão com a terra e a produção de alimentos, bem como com seus ciclos.

Esses movimentos, ancorados pela ética ecocêntrica, concebida pelo filósofo ambiental Aldo Leopold e, mais tarde, aprimorada pelo sociólogo Riley Dunlap, a partir de 2008, contrapõem-se à ideia moderna de antropocentrismo (homem como centro de tudo), chamando atenção para nossa interdependência com todos os seres vivos e nos inspirando a buscar uma relação mais harmônica e consciente com o planeta.

A utilização de ==MATERIAIS SUSTENTÁVEIS== torna-se um gosto cada vez mais aceito e procurado.

ABRE-TE, SÉSAMO!

A um simples comando de voz, abrem-se as portas, as luzes se acendem ou se apagam, abrem-se e fecham-se cortinas, trocam-se os ritmos musicais, desligam-se eletrodomésticos e tem-se acesso a todo tipo de informação.

Agora, seu morador busca um ==PROTAGONISMO CRIATIVO POR MEIO DO PRAZER E DA DIVERSÃO== para tornar-se designer da própria morada; utiliza-se da pesquisa digital e da capacidade de aprender observando os demais a fim de se apropriar de metodologias antes destinadas estritamente aos arquitetos e designers de interiores.

Com o intuito de antecipar, planejar e fazer escolhas de uma forma mais integrada, utilizam-se redes sociais, cursos, blogs, revistas ou mesmo a contratação de um designer de interiores, que deixa seu protagonismo autoral para assumir um papel mais colaborativo nessa construção.

Trocar conhecimentos de decoração passou a ser tema de encontros. Em rodas de amigos, cada um expõe seu aprendizado levando em conta a própria experiência. O aprendizado estético usa da liberdade para unir sentimento e funcionalidade, definindo-se pelo nosso próprio jeito de estar no mundo.

> Se há 20 anos se comprava uma sala de estar, uma sala de jantar, um quarto, hoje em dia nossos lares são constituídos por móveis de origens e estilos frequentemente muito diferentes. Assim, um móvel não é mais um bem patrimonial, mas um objeto encarregado de refletir a personalidade do seu proprietário (Kazazian, 2005, p. 122).

Sob o pretexto de expressarmos a liberdade e a criatividade, embarcamos em uma onda de consumo desenfreado em que cada objeto e cada compra que fazemos inconscientemente passa a ser rejeitado ou rejeitada a partir da sua fabricação. Tudo já nasce com o estigma de se tornar lixo em prol da satisfação pessoal, resultando em uma crise ideológica que se alia à crise planetária. Como defender um discurso ecológico tendo uma atitude contrária?

Para isso, é importante reconhecer que todos estamos em diferentes estágios de consciência e compromisso com a sustentabilidade ambiental, e cada um de nós pode estar enfrentando desafios ou limitações pessoais. E, quando as ações não estão alinhadas com as convicções ecológicas, surge uma oportunidade de reflexão e crescimento pessoal.

Nessa linha tênue entre superficialidade e compulsão, profundidade e afeto pelo sentimento de lar, passamos a buscar maior sentido, e dessa pluralidade de interesses surge uma nova versão de casa, que prioriza uma vida com qualidades restauradoras e o respeito e a atenção aos sentimentos que vêm de dentro.

NO MUNDO DIGITAL SURGE O CINZA, UM FUTURO DE LIBERDADE CRIATIVA

Se no mundo industrial o bege foi usado para camuflar as emoções, eis que no mundo digital surge o cinza como símbolo de novos caminhos e novas formas de pensar o morar. Aqui não falo de um cinza denso, resultado de um branco que recebeu uma pequena proporção de preto, mas de um cinza leve e estimulante, proveniente do zinco, metal alquímico, multiuso, matéria-prima do branco, fonte de todas as cores e deflagrador da luz, anunciando um futuro de liberdade criativa.

Ao experienciarmos a casa, ocorre um intercâmbio peculiar, no qual o seu morador empresta emoções e associações ao lugar e a casa lhe retorna cedendo a sua aura, incitando a percepções e pensamentos. Ou seja, a casa passa a nos influenciar, desencadeando respostas que não são conhecidas na mente consciente, mas sentidas pelas pessoas que vivem nela.

Dessa amplitude do raciocínio que oscila entre a razão e o afeto, nasce um terceiro aprendizado, o dos imprevistos, das coisas que não saem como projetamos, e que muitas vezes, para serem resolvidos, fazem que exercitemos a frustração, o medo, a insegurança e a surpresa para, a partir deles, impulsionar a criatividade, transformando o erro em um caminho de acerto, um exercício de coragem e aventura até então não imaginado no mundo da decoração.

Quando entramos nesse processo de realização de um projeto de interiores e embarcamos em uma reforma ou mesmo em uma melhoria menos invasiva dos ambientes, começamos por acessar um campo de energia caótica, como se para organizar a casa tivéssemos, antes, de colocar tudo para fora e de pernas para o ar. O processo é moroso e envolve uma complexidade de saberes que se opõem à vontade de finalizar. É comum surgir uma série de contratempos: o pedreiro que não aparece para trabalhar, o revestimento que não fica bom, o fornecedor que não cumpre o contratado e o dinheiro que por vezes falta são alguns dos ensinamentos que surgem no meio do caminho.

A casa nos ensina que tudo bem sermos imperfeitos. Assim como a vida, a decoração não é um fim, e ==TUDO PODE SER TRANSFORMADO==. Basta ter humor e paciência. Conviver com essa casa torna-se um lembrete de que a vida é um processo em constante evolução e que devemos apreciar cada etapa ao longo do caminho.

Então, decorar a casa está deixando de ser um hábito elitista e segregador para se tornar um ideal artístico consolidado pela vontade de criar uma forma harmônica ao mundo, de ser reconhecido pelo lugar onde se vive, dando-lhe a sua identidade, permitindo que naturalmente se instale um novo estado de consciência em que projetar e criar signifiquem aceitar viver com paradoxos e contradições. Inicia-se o desejo de cultivar uma interioridade que nos restaure frente às demandas da vida.

Ao mesmo tempo que o mundo digital nos levou a um consumo cultural de massa e muitas oportunidades, podendo ser também uma fonte de distração e influências superficiais, ele favorece o desenvolvimento das habilidades criativas individuais que alinham tanto o morador quanto a casa em um *continuum* de autoconhecimento e conexão entre alma e mundo.

O resgate dessa linguagem simbólica por meio do design nos colocará em contato com o conhecimento interior, abrindo-nos para a oportunidade de uma nova forma de lidar com a realidade. A essa nova forma dá-se o nome de amor.

Para Humberto Maturana (1998 *apud* Andrade; Pasini, 2022), o amor é a emoção central presente na história evolutiva que nos dá origem. Para esse autor, toda ação humana depende de uma emoção que a conceba. O amor é, fundamentalmente, ação.

CASA, LAR... QUAL A DIFERENÇA?

O que diferencia uma casa de um lar é a consciência do amor e por tudo o que ele representa, não como um símbolo de perfeição, mas de integração e responsabilidade, em que as ilusões, as ambiguidades e as contradições convivem e se aconchegam. Então, sentir o lar será flagrar-se surpreendido, surpreendida, rindo à toa com a casa e pela casa.

> O lar é o não espaço da casa. Ritualizado e mítico, o lar é a alma da casa e o paraíso da nossa individualidade privada. [...] O lar caracteriza-se por ser um espaço imaginário, simbólico; um conjunto de práticas concretas e rituais imaginários que fazem da minha casa algo sem igual (Lemos, 2004, p. 121).

Ainda não sabemos aonde essas transformações vão nos levar e levar a casa. Suas criações e recriações, continuidades e rupturas ainda estão por se tornar novos paradigmas; ela está em plena reconstrução.

Ao aprender como ordenar o seu espaço de vida, seu morador ou sua moradora atribuirá a ele qualidades físicas e simbólicas, desvelando uma nova dimensão em nós. A dimensão do verdadeiro amor, não aquele amor como estereótipo romântico, mas o amor que expressa a vontade deliberada de nutrir o nosso crescimento espiritual, revelada por meio de atos de confiança, compromisso, cuidado, respeito, conhecimento e responsabilidade.

PARTE II.

A CASA

O Iluminismo foi palco de vários tratados que destacaram a necessidade de seguir os usos e de considerar, na arquitetura, as práticas da vida cotidiana e as diferenciações sociais, nos levando atualmente a debates inevitáveis, necessitando ser reavaliado, para que um novo padrão de consciência sobre o morar se adeque a um novo estilo de vida que se revela.

Marion Segaud, *Antropologia do espaço: habitar, fundar, distribuir, transformar*

Na parte I do livro, "O mundo", percorremos uma dimensão da casa que evoluiu em seu interior influenciada, principalmente, por fatores sociais externos a ela. Embora as questões emocionais tenham exercido um importante papel, fazendo os interiores se adequarem de acordo com as demandas vindas de seus moradores, pode-se dizer que elas surgiram sempre como uma espécie de resposta à arquitetura dos espaços, que até então buscava estruturar a vida nas cidades.

É certo que a razão trouxe grandes soluções quanto à praticidade e à organização da casa e da vida em torno dela. No entanto, esse modo de pensar também representou um alto preço para seus moradores, à medida que foram se distanciando das regras de funcionamento do ecossistema, divorciando-se da natureza.

Daí o fato de muitos de nós, em algum período da vida, sob os efeitos da rotina, revezarmo-nos entre os sentimentos de aprisionamento e rejeição pela nossa morada. Quando estamos em seu interior, tornamo-nos reféns e ficamos sem forças, alternando preguiça e desânimo entre a cama e o sofá. Ao mesmo tempo, quando estamos fora dela a rejeitamos, hesitando em retornar.

Quando tratamos a casa como um dormitório, um lugar de passagem, sem considerá-la um campo de expressão das nossas emoções, do nosso propósito e do nosso amor, pouca energia sobra para alimentar os domínios da alma. Passamos a expressar sentimentos reprimidos, seja por ignorarmos sua importância, seja por não dar tempo para que elas nos retornem e nos preencham com sentimentos de prazer, segurança e pertencimento, predominando, ali, a fome dos sentidos.

Nessa casa, nós comemos, dormimos e tomamos banho, porém ela não nos nutre, consumindo-nos por meio de sentimentos que abafam nossa memória e, aos poucos, apagam nosso entusiasmo. Quando menos percebemos, tornamo-nos ==HOSPEDES DA NOSSA PROPRIA CASA== e nos comportamos como se ali estivéssemos de passagem, sem comprometimento com o lugar, abandonado à bagunça e ao acúmulo.

Até que um dia, perdidos em busca por sentido, respondemos a um chamado interior de que precisamos modificar nossa vida e, inocentemente, recorremos à decoração para preencher esse vazio que se instala. Intuitivamente, sabemos que nos falta algo; porém, sem saber decifrar essa fome dos sentidos nem como a suprimir, corremos o risco de nos entregarmos aos apelos da curta felicidade do consumo.

O professor, arquiteto e filósofo alemão Otto Friedrich Bollnow (2008) afirma que, assim como a desordem e o desleixo, a decoração e a organização dos espaços podem ter seu papel repressor, pois, ao criar uma ordem rígida, em que tudo tem seu lugar, abstemo-nos do poder da interação com o espaço e nos afastamos da possibilidade de sermos influenciados por ele. Uma casa muito perfeita nas aparências pode ter um custo emocional elevado para seus moradores.

Nesta segunda parte do livro, vamos explorar as forças interiores que existem em nós e que são responsáveis por despertar a criatividade, o cuidado e o amor com a casa.

CAPÍTULO 4.
CHEGOU O MOMENTO DE CONSTRUIR UMA CASA DE DENTRO PARA FORA

> A casa é uma das maiores forças de integração dos pensamentos, das lembranças e dos sonhos do homem [...]. Nessa integração, o princípio que faz a ligação é o devaneio. O passado, o presente e o futuro dão à casa dinamismos diferentes, dinamismos que frequentemente interferem mutuamente [...]
> A casa na vida do homem elimina as contingências, multiplicando seus conselhos de continuidade. Sem ela, o homem seria um ser disperso. Ela mantém o homem através das tempestades do céu e das tempestades da vida. Ela é corpo e alma. É o primeiro mundo do ser humano.
>
> Gaston Bachelard, *A poética do espaço*

O QUE SERIA O HABITAR? Quando busquei no dicionário pelo seu significado, fui surpreendido por uma resposta reduzida à ação de simplesmente ocupar o espaço, morar.

Cheguei à conclusão de que, assim como o dicionário, muitos desconhecem o que seja o habitar. O habitar não se faz por meio de um simples morar nem mesmo se faz suficiente pelo fato de termos um teto debaixo do qual repousamos, acompanhado por alguns metros quadrados à nossa disposição.

Habitar uma casa verdadeiramente é se apropriar do espaço exercendo domínio, controle e poder sobre ele, para então transformá-lo em território e, tal qual um animal, construí-lo a partir do entorno tendo o corpo como molde, seja um elaborado e tramado ninho, seja uma clareira em meio à selva, defendidos com unhas e dentes.

Em nosso caso, o habitar nasce da vontade de nos relacionarmos criativamente com o espaço, conferindo a ele qualidades que o transformem em um lugar onde ocorram centramento, aprendizado, identificação, afeto, pertencimento e amor. Um lugar onde possamos nos enraizar e criar referências que vibrem quem somos nós. Pois será por meio daquilo que irradiamos que o espaço se transformará em habitável (Bollnow, 2008).

Sabe quando entramos em algumas casas e ficamos boquiabertos com os revestimentos, a escolha do mobiliário e o clima de ordem e elaboração da decoração? De darmos risadas, festejarmos e comemorarmos com os seus proprietários e, ao sairmos desses espaços, ficarmos com uma sensação de esvaziamento ou imaginarmos que felicidade e vida boa sejam privilégios de alguns poucos.

Isso se deve ao fato de os moradores dessas casas não as habitarem de fato, mas a ocuparem, usando a decoração como cosmética, uma espécie de escudo, em que nada sai do lugar, escondendo as emoções por meio de uma imagem idealizada de como gostariam de ser vistos. Moram em casas com conceitos que são dos outros, e não de si mesmos. Tudo é perfeito, porém nossos sentidos detectam que ali faltam verdade e emoções.

O contrário também é verdadeiro. Já entramos em casas onde existiam um cuidado especial e um tipo de organização no seu interior que, de alguma forma, chamaram a nossa atenção. Coisas simples: talvez o reflexo desenhado pela luz do sol sobre o chão, o balançar das cortinas ao vento ou, então, um tipo de decoração expressando quem de fato habitava aquele lugar. Sentimos nosso coração acelerar e nossos olhos sorrirem. Absorvemos o clima do lugar nos entregando à sede dos sentidos. Pouco nos importamos com a origem e/ou o preço dos objetos e mobiliários ali distribuídos. Apenas reconhecemos as marcas de uma ==vida viva==, que se renova o tempo todo.

Os nossos sentidos nos contam que tudo por ali foi selecionado e recebe cuidado com respeito e amor. Existe uma harmonia particular, e o clima do lugar nos faz perceber uma série de coisas que até então não havíamos notado. A alma dos seus moradores estava ali, pulsando em cada canto, disponível a qualquer um que estivesse disposto a senti-la.

Casa com vida é assim. Ela não nos dá abrigo apenas; ela nos inspira, influencia o nosso pensar e nos constrói por meio dele. Naturalmente a admiramos e saímos dela revigorados só por ter estado ali.

Lembro-me de uma história contada por um cliente, médico. Enquanto ele estudava de manhã, pontualmente às seis horas, notava que a porta do elevador se abria e a luz do hall se acendia. Segundo ele, essa ação se repetiu por dias, até que, em um ato de coragem, ele abriu sorrateiramente a porta e deu de cara com uma senhora. Ela, no susto, desculpou-se, sorriu e confessou passar ali todas as manhãs antes de ir para o trabalho com o objetivo de finalizar a maquiagem em frente ao espelho que ali havia. Ela não sabia explicar o motivo, mas, sempre que passava naquele hall, sentia-se mais bonita e mais disposta para os desafios do dia.

Era um hall desses bem pequenos, pintado em um tom roxo muito escuro, quase preto, com uma iluminação suave e difusa e um espelho estrategicamente instalado. A intenção era trazer um clima de caverna, uma certa escuridão pensada para que os sentidos despertassem reações no corpo, demarcando o chegar em casa e o sair dela. Um recurso relativamente simples que, mais tarde, descobrimos que causava um certo furor em toda a vizinhança, ao se tornar o hall mais visitado do prédio.

QUANDO A CASA SE TORNA O NOSSO MUNDO

Desde o momento em que nascemos, passamos a entrar em contato com a realidade da vida por meio da casa. É dessa relação de extrema proximidade com o entorno que surgirá o sentimento de familiaridade e nos descobriremos pertencentes ao mundo, ao mesmo tempo que o mundo passará a nos pertencer.

A partir de então, vamos nos desenvolvendo, construindo nossa relação com o mundo, brincando em casa. Dos 10 meses de idade em diante já diferenciamos facilmente os lugares familiares dos desconhecidos, tendo aprendido sobre uma vasta gama de ideias e conceitos abstratos, associando-os a objetos, experiências e comportamentos familiares.

A nossa casa, então, torna-se o nosso mundo, e vice-versa, e as histórias que desenvolveremos nos primeiros anos vividos em seu interior serão as histórias que escreveremos e reescreveremos durante toda a nossa vida (Goldhagen, 2017).

> Se quisermos retornar a uma condição mais saudável, devemos mesmo ser como crianças pequenas ou selvagens; precisamos nos livrar do adquirido e do artificial e retornar aos instintos naturais, desenvolvendo-os (Gombrich, 2012, p. 52).

Conforme vamos crescendo, esse sentimento de familiaridade se expande e vai se estruturando entre a nossa identificação com o mundo e o apego com a casa, por meio de um jogo de forças opostas e ambivalentes no qual o sentimento interno de pertencimento é invadido a todo momento pelo desejo de expansão. Queremos a segurança, mas não abrimos mão da brincadeira e da aventura. Saímos pelo mundo em busca de experiências que familiarizem quem "eu sou" e retornamos à casa afetados por elas, depositando ali, por meio da decoração, os símbolos que celebram esse encontro. Ou pelo menos assim deveria ser.

Impulsos de estímulo e repressão, desejos e limites se alternam e se combinam em um fluxo de negociação permanente, variando de acordo com o nosso humor, a cultura e as fases da vida em que estamos inseridos e os diferentes ambientes da casa.

Os limites são preestabelecidos por nosso sistema de crenças e, mesmo que em um primeiro momento nos pareçam resistentes, são flexíveis e aptos a se ampliarem. Deslocam-se pelo tempo e pelo espaço a partir de um desejo que brota a todo instante, estimulando-nos a criar recursos e suporte para expandi-los. Para aqueles que tentam transpô-los fazendo uso da criatividade e do afeto, o limite se revela como um grande professor que desperta ao aprendizado por meio das experiências.

Na decoração e no design de interiores, esses limites devem ser pensados entre as **BARREIRAS FÍSICAS**, vindas de cima (teto), dos lados (paredes, muros, portas e janelas) e de baixo (piso e solo), e as **BARREIRAS EMOCIONAIS**, representadas pelas histórias que trazemos conosco e, principalmente, pela realidade na qual estamos inseridos.

Sejam de ordem concreta, sejam de ordem subjetiva, ambos se entremeiam o tempo todo para nos dar contorno, margem e estrutura, a fim de que, a partir deles, o desejo se expanda enraizado e se expresse, facilitando certas experiências e reprimindo outras.

É da quantidade e da intensidade dessas experiências combinadas ao longo do tempo que nasce e se amplia o sentimento de profundo pertencimento pela morada. O pertencimento não poderá ser confundido com posse, pois para que o pertencimento ocorra será preciso um envolvimento amplo e integral. Será preciso deixar que, do nosso inconsciente, emerjam conteúdos simbólicos que não poderão ser expressos somente por palavras mas também pela ação e pela emoção.

São as variantes dessas forças sobre cada um de nós, mesmo que várias pessoas morem sob o mesmo teto, que tornarão a experiência com a casa particular e individual.

A casa deixa de ser pensada unicamente como lugar de pausa e repouso para ser reconhecida também como LUGAR DE MOVIMENTO, estabelecido pelo nosso fazer, que a todo momento redimensiona as nossas ações e o nosso olhar. Eis que nos surge a nova consciência de uma casa viva, a qual, mesmo quando estamos dormindo, encontra-se em fluxo, mudança e transformação.

Na prática, é dessa alternância entre pausa e movimento que surgem os conflitos internos quando adentramos o mundo da decoração. Queremos a mudança, mas resistimos a ela, mesmo tendo a consciência de que a maioria dos objetos que nos cercam já não faz sentido para o momento da nossa vida. Eles nos chamam a atenção para a necessidade da nossa ressignificação, mas ao mesmo tempo estamos apegados ao que a maioria deles significa e reagimos amedrontados, ameaçados pela possibilidade de perdê-los frente ao limite do apego, o qual, por outro lado, está sempre pronto a ser desafiado a se expandir e, assim, permitir que o movimento do novo se instale.

Então, entramos no campo das dúvidas, vivenciando surtos de quero e não quero. Arriscamo-nos comprando mobiliário sem experimentarmos se nos é confortável, mudamos de opinião a cada palpite alheio. Seduzidos por uma idealização da casa perfeita, compramos sem ponderação para preencher um sonho por vezes de utopia.

O resultado é que mudamos de casa, mas não necessariamente avançamos em nossos limites frente ao medo, à resistência e à insegurança que nos vencem.

O DESIGN DE INTERIORES NA ORGANIZAÇÃO DAS EMOÇÕES

Em minha experiência, o que percebi foi meu papel organizador das emoções dos clientes por meio de gatilhos criativos. Conforme os processos e as etapas do projeto iam sendo estabelecidos, eu lhes contava histórias do mobiliário e dos objetos, particularidades e curiosidades do mundo do design, assim como histórias da minha própria vivência nas casas onde morei.

Essas histórias os relaxavam e os entretinham, ao mesmo tempo que serviam para encorajá-los a exporem suas próprias histórias para elaborarmos, juntos, caminhos de como integrá-las aos ambientes. Foi dessa forma que balanços foram instalados no meio da sala e que sutis tonalidades de um verde azulado presente na folha do eucalipto distribuíram-se por meio das paredes pintadas. A garrafa de champanhe do casamento foi tratada como obra de arte, envolta em uma caixa de acrílico, enquanto outras paredes foram descascadas para deixar reviver o tijolo que ali se escondia havia décadas. Teve até um muro de escalada que foi parar no quintal de uma pequena casa de vila.

Acabei me tornando um **FACILITADOR DA CRIATIVIDADE**, descobrindo com esses clientes o poder de cura e integração que existe no design.

Será da ação prática e efetiva da decoração, permeada e organizada por meio da metodologia de design de interiores sobre o projeto, que brotará a possibilidade de mergulharmos no campo da afetividade de forma mais assertiva.

Enquanto a assertividade expressa por meio do projeto, de planilhas e de memoriais é direcionada e busca a todo momento uma lógica racional, a afetividade é associativa, conectando-nos ao mundo simbólico por meio da imaginação, dos sonhos e da fantasia. Precisaremos da segurança e do limite de uma para nos aventurarmos na expansão da outra.

No dia a dia com os clientes, fui percebendo que as histórias não deveriam ser interpretadas ao pé da letra, mas, a todo momento, ressignificadas com base nas emoções que despertavam, tendo como suporte o uso da luz, das cores, dos aromas, das texturas e do próprio espaço em transformação. Dessa forma, adentrávamos um caminho de aprendizado que nos facilitava ir em direção à apropriação da casa, desvelando conhecimentos e saberes adormecidos interiormente.

A CASA DA QUAL EU CUIDO AGORA PASSA A CUIDAR DE MIM

No exercício da decoração, tornamo-nos exploradores das nossas emoções. Descobrimos que somos mais uma cor do que a outra e que pouco precisamos nos preocupar com a cor da moda; que as plantas são seres vivos e pedem a nossa atenção; que arte é sentimento e não investimento; que em determinadas estações do ano o sol incide de forma diferente nos ambientes, criando desenhos pela casa. A casa da qual eu cuido passa a cuidar de mim.

Cada ato manifestado pela casa, e na casa, torna-se um **APRENDIZADO QUE SE TRANSFORMARÁ EM MATÉRIA-PRIMA DO HABITAR**. O objetivo não está na busca por um resultado da casa pronta e decorada, mas, por meio da decoração, em vivenciar um processo de tomada de consciência gradual e uma descoberta progressiva; um processo espontâneo de encontro com a casa que mora em nós, deixando que ela se instale.

Essa é a grande magia da decoração quando tratada como experiência de autoconhecimento e consciência de integração com a natureza. A todo instante ela nos possibilita avançar os limites para construirmos o nosso futuro no tempo presente, recuando e readequando-o às rotas sempre que se fizer necessário.

A esse fenômeno eu chamei de ==EXERCÍCIO DO PRAZER INTERIOR==, um conceito criado pelo pesquisador suíço Ernst Götsch que eu estendi para os domínios da casa na busca por um pensamento o qual nos ajude a entender o que significa viver de uma forma mais integrada com a natureza.

Segundo Götsch, todo ser vivo nasce com uma determinada função perante a natureza, e ao fato de exercê-la dá-se o nome de prazer interior. Esse prazer não guarda relação com um desejo hedonista ou a busca do próprio bem-estar, mas com o sentimento de realização criativa perante a vida, impulsionado no exercício do nosso propósito (Andrade; Pasini, 2022). Assim como a lagarta se transforma em borboleta, o prazer interior age em nós.

AFETO E ENCONTRO NA CONSTRUÇÃO DO ACERVO INTERIOR

Quando fui pela primeira vez à casa da Alloma, uma cliente, dei de cara com diferentes versões de miniaturas da Torre Eiffel que contracenavam com gueixas e pandas, ao mesmo tempo que remos havaianos apoiavam-se sobre jangadas nordestinas as quais, por sua vez, flutuavam sobre um oceano de golfinhos vindos de Miami. E isso era só o começo.

Depois de mostrar a casa toda, com algum constrangimento Alloma chamou a minha atenção para aquele desafio, dizendo que daria um jeito de pôr fim à famosa coleção caso fosse necessário e explicando que a mãe viajava muito e tinha o hábito de trazer lembranças de cada destino visitado.

Solto, tudo aquilo ficava perdido. Por mais que eles contassem a história da mãe da Alloma, nada contavam sobre quem ali morava. Mais poluíam o visual do que transmitiam graça e beleza, tornando todo o ambiente de gosto muito duvidoso.

Mas eis que a mãe fez uma surpresa, aparecendo na reunião especialmente para me conhecer. Conforme nossa conversa fluía e as risadas cresciam, ficava claro o quanto ela estava presente na vida daquela família e que, do jeito dela, aqueles objetos simbolizavam esse amor. Então surgiu a ideia de homenageá-la, ressignificando todos esses *gifts* dentro de uma única vitrine, posicionada logo na entrada da casa, dando boas-vindas a quem chegasse. E, assim, aqueles objetos que mais agrediam e incomodavam, ao serem ressignificados, passaram a contar uma história de puro afeto.

De um jeito bem-humorado, a mãe entendeu que aquele hábito estava um pouco exagerado, e o próprio armário exerceria um limite sobre aquela compulsão de formar uma coleção na casa da filha. Ao mesmo tempo, toda a família se divertiu com a ideia criativa e afetuosa que emergiu daquele encontro. Aquele móvel contendo as miniaturas se tornou a peça-chave da decoração que surgiria dali em diante.

E foi com base em histórias como essa que passei a criar os meus projetos tendo um pensamento mais aberto, para que, no meio do caminho, ajustes, mudanças e readequações se manifestassem naturalmente e provocassem a expansão criativa de seus moradores. O que, mais tarde, eu viria a transformar em uma das regras no meu trabalho: na decoração, não há um estilo, um desejo ou mesmo um gosto a ser considerado errado. Em tudo mora uma boa intenção, uma oportunidade de criar algo. Serão necessários criatividade e propósito para que as ideias se instalem.

Quando buscamos um propósito, um desejo de realizar algo maior, o ponto de partida sempre se dará pelas histórias que queremos valorizar, e, então, tudo passará a ser uma experiência singular, capaz de nos colocar em direção ao prazer interior.

Considerando as demandas criativas que aos poucos iam aparecendo, também surgiram ideias como de prever, nos projetos, alguns espaços nos ambientes, espaços que ficariam vazios de forma intencional. Paredes, cantos e nichos eram cuidadosamente pensados com a função de guardar espaço para um novo achado que pudesse surgir proveniente de uma viagem ou de outra experiência que marcasse um encontro com a vida. O espaço intencionalmente vago, na verdade, de vazio não tinha nada, pois despertava a criatividade e, com ela, a responsabilidade para a busca de algo que os fizesse transcender. É muito importante que não tentemos usar a decoração para controlar a casa preenchendo totalmente os ambientes; devemos deixar espaço para que ela se manifeste e nos surpreenda. É quando a casa fala conosco.

Aos poucos também fui incentivando a compra de pequenos móveis, como banquetas, mesas de apoio e cadeiras, com o intuito de que fossem remanejados pelos ambientes, dando vazão a essa necessidade de movimento contínuo que a casa nos pede. Mas não bastava serem leves e de fácil circulação; eles também deveriam ser achados em barganhas, liquidações ou bazares de segunda mão, fossem eles de design assinado ou velharias esquisitas. É preciso cuidar do humor, e, para aqueles que se dizem sem talento, nada como começar com ==PEQUENOS EXERCÍCIOS DE OUSADIA==.

E, por último, passei a sugerir investir em acervos, ou seja, passei a pensar no mobiliário como extensões de seus moradores, acompanhando-os pela vida durante possíveis mudanças que surgiriam ao longo de suas histórias. O que justificaria comprar menos e com mais investimento. Esse é o lado ecológico da decoração: ==PENSÁ-LA A LONGO PRAZO==.

Umas das primeiras lições para quem está começando a decorar é sair em busca de móveis e peças usados entre os familiares, pois essa é uma das maneiras mais rápidas de irmos ao encontro das nossas histórias. Então, pareceu-me natural pensar ao contrário, justificando a importância do investimento nas peças, ancorando-as no bom desenho e no papel estético que exerceriam ao longo da vida daquela família, criando histórias futuras.

Tanto almejamos e valorizamos um mundo com alma, e pouco nos damos conta de que ela pulsa o tempo todo à nossa frente, manifestando-se por meio das cores, das formas, das texturas e dos reflexos que despertam a nossa percepção.

Então, descobrimos que cada objeto, além de prestar o testemunho de si na imagem que oferece, guarda uma profundidade a ser descoberta, admirada e ressignificada por meio de cada escolha que fazemos e das histórias que vinculamos a ele. Essa é uma das intenções deste livro: fazer-nos refletir sobre o mistério desse processo em habitar para nos dispormos a construir, pensar e decorar a casa a nosso favor.

QUANDO A DECORAÇÃO CONSIDERA AS DIMENSÕES DA ALMA...

Eu me identifico com as ideias do psicólogo James Hillman (1993) quando ele escreve que o habitar se faz pela conexão entre a intimidade da nossa mente e a intimidade da nossa casa, de modo que os atributos da alma se reflitam no interior das casas por meio da forma como vivemos, dos nossos gostos, das nossas escolhas – elementos os quais transformam a nossa morada em um lugar personalizado.

Quanto mais sabemos sobre a nossa casa, mais nos apropriamos dos nossos hábitos para, por meio deles, estabelecermos novos limites e, a partir de então, sairmos em busca de um novo conhecimento daquilo que se faz necessário para nutrir nossos poderes de alma, percebendo a casa como um jogo no qual cada escolha, cada descoberta nos preenche e nos amplia, alimentando a sede dos sentidos e nos convidando a avançar para uma nova fase, uma nova descoberta sobre nós mesmos.

Hillman (1993), em seu memorável livro *Cidade & alma*, ainda sugere que o habitar se constrói ao nosso redor com um único propósito: o de nos fazer alcançar a espiritualidade.

Para os autores Veríssimo e Bittar (1999), ==A CASA É UM ESPELHO== que reflete comportamentos e sentimentos que transcendem o espaço geométrico da sua arquitetura. Podemos encontrar vestígios de aprendizados e experiências, signos e significados de uma casa que antes se constrói com base nos sonhos que guardamos por ela, desde o dia em que nascemos.

> Cada canto guarda o poder de evidenciar o nosso potencial criativo, manifestado por meio das escolhas e da representatividade de quem somos, tornando-se, então, conforme afirmou o historiador Mario Praz ao descrever a própria morada, não só uma expressão mas também uma expansão do nosso eu. "A casa é para o dono. E o dono, para a casa" (Praz, 1964 apud Zabalbeascoa, 2013, p. 17).

Ao se questionar sobre o significado do habitar, o filósofo alemão Martin Heidegger (2005) foi além. Estudando sua etimologia, descobriu que tem a mesma origem da palavra "construir", a qual agrega outros significados, como proteger e cultivar. Essa investigação fez que ele chegasse à conclusão de que nós só podemos habitar verdadeiramente aquilo que nos propomos a construir, cuidando do seu crescimento para dar tempo aos seus frutos. E esse foi meu grande *insight*! Se o habitar, o construir, o proteger e o cultivar de Heidegger são faces de uma mesma moeda, pareceu-me coerente que o design de interiores fosse agregado como ferramenta de aproximação em direção a esse habitar, pois Heidegger também ensina que nós só podemos aprender e aprimorar sobre quem somos por meio daquilo que fazemos.

Logo, habitar uma casa, ocupá-la ou, simplesmente, morar passam a se fazer presentes pela sincronia entre nossas ações e nossas intenções. Tal ideia sugere, a quem está decorando uma casa – mesmo que com o auxílio de um designer de interiores –, que, para que ocorra o habitar, faz-se necessário o ==PROTAGONISMO DE SEU MORADOR==. Um protagonismo que se relaciona com a decoração por meio do sentimento de responsabilidade pela morada.

Decoração e design de interiores passivos, que obedecem exclusivamente a ideias prontas, estilos e modismos, em um primeiro momento podem ser sedutores aos nossos olhos e nos encher de entusiasmo, pois nos surpreendem pela evolução da tecnologia e pelos padrões estéticos que surgem dessa expansão, mas correm o risco de rapidamente nos distanciar da experiência do habitar, tornando-se passageiros por não estarem ancorados em nossa essência.

> Nosso amor pelo lar é, por sua vez, um reconhecimento do quanto a nossa identidade não é autodeterminada. Precisamos de um lar no sentido psicológico tanto quanto no sentido físico para compensar a nossa vulnerabilidade. Precisamos de um refúgio para proteger nossos estados mentais, porque o mundo em grande parte se opõe às nossas convicções (Botton, 2007, p. 107).

Na relação com os clientes, pude observar que muitos deles, na primeira reunião, tinham como objetivo uma casa decorada, com uma noção muito tímida do que isso poderia significar em sua vida.

Alguns traziam recortes de revistas, pois haviam alcançado novos patamares financeiros e buscavam ajuda para morar melhor. Porém, conforme o projeto ia se desenvolvendo, afloravam questões emocionais, lembranças, memórias e histórias que, embora nem sempre estivessem relacionadas a questões estéticas e organizacionais da casa, não poderiam ser ignoradas.

Aos poucos, então, ficava perceptível que havia ali uma vontade, um desejo natural em organizar seu entorno com base em uma demanda interna que nem sempre estava clara na busca inicial e que, a cada reunião, tomava forma e evoluía, tornando-se cada vez mais desejada e perceptível no sorriso, no brilho dos olhos e na aceleração com as palavras.

Quando o projeto se iniciava, eu percebia que os clientes, ao serem estimulados com perguntas específicas, realizavam um questionamento interno que os levava a buscarem mais informações sobre suas próprias histórias, suas origens, suas experiências para o encontro seguinte comigo. Era como se de alguma forma eles fossem liberados para sonhar. A casa da avó, a infância no interior, uma tia distante, brincadeiras ao redor da casa, uma viagem na adolescência, entre tantas histórias. Tudo era ponto de partida e fonte de inspiração.

Foi assim que aprendi que um bom projeto de interiores não se faz somente tomando-se por base a lista de desejos dos clientes, mas, principalmente, as histórias que eles guardam consigo. Histórias as quais ficaram largadas e banalizadas desde a infância e que sempre estão prontas para ser resgatadas e ressignificadas.

Conforme evoluíamos sobre a disposição dos ambientes, a escolha dos materiais e das cores, a distribuição de móveis no espaço, emergiam sentimentos de pertencimento tão intensos que passavam a influenciar fortemente as escolhas seguintes. Depois de terminado e implantado o projeto de interiores, era comum alguns se intitularem "criadores da própria morada". O que, em um primeiro momento, chamou bastante a atenção sobre o meu papel nesse processo, fazendo-me entender que, quando o cliente assumia a autoria da própria morada, era sinônimo de um projeto bem-sucedido.

Com o tempo, os clientes com esse perfil foram aumentando e essas experiências se intensificaram a tal ponto que, naturalmente, tornaram-se uma metodologia e um jeito próprio de trabalhar e enxergar a decoração e o design de interiores.

O que aprendi nessas vivências e que estudos da neurociência têm abordado é que existe uma casa genuína em cada um de nós, pronta a ser expressa. Se a tratamos com responsabilidade, ela responderá com a energia da ordem e do equilíbrio. Segundo Goldhagen (2017), a partir dessa relação de responsabilidade pelo habitar, poderemos nos tornar mais saudáveis e motivados. Para que isso ocorra, é essencial prestar atenção e praticar novas escolhas, deixando de lado as formas negligentes pela quais tratamos as nossas próprias emoções, o bloqueio oriundo do medo, o preconceito contra mudanças e a submissão ao excesso de informações que nos chegam a todo momento.

CAPÍTULO 5.
OS SENTIDOS E OS SÍMBOLOS

> [...] nada poderia entrar em nossa mente a não ser pelos órgãos dos sentidos. Apenas quando essas "impressões sensoriais" são associadas na mente podemos construir uma imagem do mundo exterior. Não há "ideias inatas", o homem não tem outro professor além da experiência.
>
> Ernst Hans Gombrich, *O sentido de ordem*

Nossos olhos, ouvidos, nariz, mãos, boca e pés são responsáveis por importantes interações nossas com o nosso entorno. Com a visão apreciamos formas e movimentos; com a audição ouvimos sons e vozes; com o olfato percebemos cheiros, identificamos aromas e até reconhecemos pessoas, objetos e lugares; com o paladar distinguimos sabores e identificamos alimentos; com o tato, vêm texturas, temperaturas e outras sensações; com os pés, buscamos estabilidade, caminhamos, dançamos e fazemos movimentos em diferentes superfícies e equilíbrios, e assim por diante (Goldhagen, 2017). Os sentidos colaboram com os sistemas sensorial, motor, perceptivo e cognitivo, permitindo-nos perceber e aprender sobre uma série de informações e vivências. Por meio deles, também entramos em contato com a linguagem dos símbolos, trazendo um significado particular para tudo aquilo que está à nossa volta.

Isso significa que nenhum de nós conhece o mundo "diretamente", toda realidade na qual vivemos sempre parte de uma interpretação; ou seja, nossa percepção é sempre mediada pelos nossos sentidos. Quando ativados, eles trabalham e interagem uns com os outros, funcionando como lentes que captam e trocam informações do e com o meio ambiente, buscando maneiras de manter e nutrir o nosso equilíbrio biopsíquico-espiritual.

INTERCONEXÃO DOS SENTIDOS

Essas vivências por meio dos sentidos sempre variaram em função do tipo, da intensidade e da qualidade da relação que desenvolvemos com os ambientes, de forma que duas ou mais pessoas podem conviver em uma mesma casa e senti-la de modos diferentes. Tudo vai depender das perspectivas, histórias e bagagens pessoais de cada uma, ou seja, os sentidos por si só não são uma garantia de que vai ocorrer uma boa leitura do mundo, mas o modo como os utilizamos, sim. São eles que nos aproximam dos ambientes da casa, possibilitando decorá-la como um lugar de acolhimento e liberdade de expressão.

Por isso, prestar atenção na forma pela qual nos relacionamos com as coisas e com as pessoas à nossa volta é fundamental para a nossa compreensão e a adaptação ao local onde moramos, a fim de criarmos uma casa que não seja somente um lugar de refúgio e proteção, mas um ==vórtice de simbologias que nos inspirem a viver o nosso melhor== e expressem ao mundo aquilo que somos. E, cá entre nós, somos muitas coisas ao mesmo tempo!

O monopólio da visão

O arquiteto Juhani Pallasmaa (2011) afirma que, em razão da predominância da visão sobre os outros sentidos, deixamos que um confronto com o próprio mundo nos leve. Como resultado, desenvolvemos uma espécie de ódio velado ao corpo, na medida em que passamos a sabotar aspectos da nossa interioridade, priorizando o pensamento em detrimento do corpo e de nossas emoções.

Na arquitetura, a visão vem nos oferecendo construções imponentes e instigantes, porém essas não têm promovido a necessária conexão humana com o mundo, deixando desabrigados nossos demais sentidos e, com isso, o nosso corpo, a nossa memória, a imaginação e os nossos sonhos. Pallasmaa (2011) defende a importância de uma abordagem mais holística da realidade, levando em conta uma profunda conexão entre nós e o mundo, de forma que a arquitetura passe a ser projetada envolvendo todos os sentidos e criando experiências sensoriais ricas e estimulantes que promovam uma maior interação entre nós, o meio ambiente e o próprio ambiente construído.

Pallasma (2011) sustenta que na decoração houve um enfraquecimento na relação com as nossas capacidades sensoriais conforme fomos criando ambientes cada vez mais artificiais, que surgiram a partir da proliferação de uma série de superfícies sintéticas que, embora buscassem imitar os elementos da natureza, não tinham a mesma densidade, a mesma textura e o mesmo cheiro, alimentando os nossos sentidos com experiências empobrecidas com o espaço.

Segundo o designer Victor Papanek (2014), a indústria do design, aliada à da construção civil, ignorou nariz, ouvido, boca, mãos, dedos e pés, desenvolvendo imitações que dissessem respeito somente aos nossos olhos.

Ainda conforme Papanek (2014), o glamour da tecnologia a partir da racionalização da vida no século XVII, ao mesmo tempo que propiciou avanço e evolução, abalou a conexão com a natureza, relegando-a ao *status* de coisa a ser dominada e explorada, e, ao reconhecê-la de forma passiva e disponível, agrediu a nossa sensorialidade como um todo. Ou seja, ganhamos em conveniência e eficácia, porém perdemos elementos sensoriais fundamentais, tornando os espaços cada vez mais herméticos e desprovidos de harmonia, prazer e saúde.

Segundo a designer e pesquisadora Ingrid Fetell Lee (2021), excesso ou falta de luz e ventilação, íons, serotonina, melatonina, ergonomia, a ressonância e o modo como os materiais absorvem a temperatura dos ambientes foram afetados, influenciando a maneira pela qual nos relacionamos com as pessoas, as percepções com o espaço e a expressão da nossa sensualidade, bem como a receptividade aos estímulos, levando a desequilíbrio nas funções orgânicas.

Pallasmaa (2011) acrescenta que, nas últimas décadas, o mundo digital não apenas manteve o privilégio histórico da visão como também nos possibilitou lançarmos um olhar simultâneo para lados opostos do globo terrestre, fundindo, por meio da velocidade, as experiências entre o tempo e o espaço. Ao exacerbar a visão a um limite por vezes sobre-humano, reforçou a desconexão entre a natureza, as emoções e o corpo, favorecendo o surgimento de uma enxurrada de patologias emocionais que têm sido responsáveis por induzirem as pessoas a comportamentos cada vez mais distantes, frívolos e superficiais.

Mas isso não significa que tenhamos de tratar a visão como vilã. O ponto aqui está no reducionismo da nossa realidade a partir da valorização de um único sentido. Ao nos isolarmos, suprimindo os demais sentidos, restringimos as nossas experiências.

Diferentemente dos nossos ancestrais, a maior guerra enfrentada nos tempos atuais não é contra o rei de outro país, é contra a nossa consciência, nossas limitações humanas e nossa percepção distorcida da relação com a natureza (Lipton; Bhaerman, 2013). Nossa guerra é contra a aceleração do tempo, para que possamos voltar a cultivar momentos de introspecção, de contemplação e de conexão, buscando uma harmonia maior entre o nosso corpo, a nossa mente, com as pessoas, com o ambiente em que vivemos, com o mundo e, consequentemente, com a nossa alma.

A exacerbação do foco no olhar levou à necessidade de sairmos em busca de uma vida que faça mais sentido. Embora ainda arraigados às velhas crenças, estamos buscando resgatar o prazer e o cuidado com a nossa vida e entrando em contato com os sentidos negligenciados, entendendo que somente por meio deles se originam as experiências, que são a fonte de aprendizado e de resgate das emoções. Os sentidos, por meio das experiências, ajudam a dar forma à nossa realidade, interagindo com os ambientes ao nosso redor de forma prazerosa.

O tato e a liberdade para sentir

Pelo tato, vêm as habilidades de manusear as coisas, examiná-las, fazer escolhas, tornando-nos altamente reflexivos por meio dessas percepções. Calor, frio, toque, pressão e dor intermedeiam uma série de funções sensoriais que variam entre si. É a experiência direta da resistência sobre a superfície que nos oferece um sem-número de informações a respeito da realidade à nossa frente. Os movimentos variados das mãos conferem liberdade para sentir, e por meio delas temos controle tátil, o que influencia nossa maneira de pensar e sentir (Sennett, 2009). Pelo toque, o tato nos conecta emocionalmente uns aos outros, em uma comunicação não verbal.

No design de interiores, as mãos são como os nossos olhos; elas conectam o nosso coração (emoção) com a nossa cabeça (razão), proporcionando prazer, satisfazendo a uma necessidade integrativa por meio da criatividade e do fazer. Para Heidegger (2005), as mãos são os órgãos do pensamento, pois cada movimento que se dá em meio às tarefas ocorre por meio do pensamento e do aprendizado, e é assim que cada toque de mão permanece naquele objeto.

O tato tem a incrível capacidade de ler a textura, o peso, a densidade e a temperatura de cada superfície e de cada objeto. Na casa, ele conecta o tempo e o espaço com as nossas memórias e o nosso fazer criativo. Quer um exemplo? A maçaneta da porta que tocamos ao chegar em casa e sair dela, um movimento tão simples de empunhadura que pode ser um prazer (ou não) para as mãos, não apenas por sua forma lisa e suave mas porque ela integra e expressa toda a relação com a nossa morada.

Todos os dias, ao chegarmos em casa, fazemos uma espécie de ritual: vindos da rua para adentrar esse território particular por excelência, atravessamos alguma espécie de portal, que pode ser a porta da frente ou a porta dos fundos, até mesmo um portão reforçado, vigiado com câmeras. Pelas suas características de separação, abertura e fechamento, lugar de trânsito e passagem, mais alguns componentes, como a campainha e, talvez, um olho mágico, tudo isso possibilita discriminar quem chega, sem nos esquecermos da sua fechadura, que, ao trancar e destrancar a porta, passa uma série de informações ao corpo na mesma intensidade que seu movimento oposto, o partir.

Já para quem está dentro da casa, a maçaneta representa uma experiência de "receber", de deixar entrar, ou seja, envolve uma atitude mais passiva do que a envolvida na chegada. Eis que uma simples maçaneta pode nos colocar na fronteira do contato com a casa, em que a experiência tem seu lugar.

E, indo além da maçaneta, depois desse "portal", o que estará reservado aos demais objetos que repousam nos seus interiores?

Pouco nos damos conta da relação dos pés. Veja como os sentidos vão ampliando a conexão com o ambiente. Por meio dos pés sentimos as superfícies e percebemos seus contrastes, suas inclinações, seus degraus – e suas densidades, a terra, o assoalho, os sintéticos e os naturais. A todo momento, experienciamos a gravidade pelas solas dos pés.

Ficando em pé e sem calçados sobre o chão, podemos explorar com intimidade e sentir a temperatura do piso, sendo essa uma experiência das mais revigorantes, o que justifica ser esse um dos primeiros e mais importantes revestimentos da nossa escolha quando pensamos no habitar.

Andar sem calçados sobre o piso da casa pode nos conectar com o que a casa tem de melhor: a representação simbólica do solo e sua energia vital, nosso *grounding*, em que ==ENRAIZAMOS QUEM SOMOS==. Ou seja, o tato dos pés torna-se tão importante quanto o das mãos na experiência de habitar um espaço.

A integração dos sentidos

Os ouvidos acompanham sonoramente todos esses passos, como se o som fosse ritmado, assim como podemos usar os pés para nos aproximarmos dos cheiros, sabores e demais sentidos, criando experiências profundas e particulares. Pés e ouvidos, juntos, conectam e integram os batimentos do nosso coração com o ritmo da casa. O som faz os olhos se lembrarem, associando memória e imaginação enquanto os pés nos levam ao encontro.

> Eu sozinho, nas minhas lembranças de outro século, consigo abrir o armário profundo que ainda retém só para mim aquele odor único, o aroma de passas de uva secando sobre uma bandeja de vime. O aroma das passas de uva! É um odor indescritível, que exige muita imaginação para que possa ser sentido
> (Bachelard, 1969, p. 13 *apud* Pallasmaa, 2011, p. 51).

Trabalhando juntos, cada sentido oferece informações únicas e importantes que, combinadas, criam experiências ricas e complexas as quais se conectam umas às outras em múltiplas combinações. Dessa conexão e dessa integração entre todos brotarão a nossa imaginação e a nossa curiosidade, que suscitarão vontades e uma série de estímulos que nos levarão aos portais de acesso da criatividade, impulsionando-nos a entrar em contato com as nossas dimensões simbólicas e, claro, com as nossas emoções.

Será por meio dos símbolos e do significado que damos a cada um deles que transcenderemos o significado de cada coisa, ampliando e dando forma aos nossos conteúdos internos.

Por esse motivo, não é somente a aparência visual que conta na hora de criar um projeto de design de interiores mas também – ou sobretudo – a sensorialidade e o despertar simbólico que cada descoberta pode nos possibilitar.

Ao escolher um tecido que atrai nossos olhos, por exemplo, é natural levarmos a mão ao seu encontro, em busca da maciez ao toque que nos questiona sobre as nossas memórias simbólicas relacionadas ao conforto, de ser abraçado ou abraçada e sentir proteção. Muitas vezes, é comum instintivamente passarmos as mãos sobre um serviço realizado, para averiguar a qualidade da sua execução, ou sentarmos em uma poltrona e testarmos, por meio do tato, se ela nos é confortável, avaliando com o corpo a qualidade dos materiais, a textura, a densidade e a delicadeza dos acabamentos. O olho vê, mas o tato é que dá o veredicto.

A EXPERIÊNCIA ESTÉTICA E O AUTOCONHECIMENTO

Nesse contexto de autodescoberta, a experiência estética torna-se fundamental para a construção da identidade e do autoconhecimento. Ela nos permite perceber e apreciar a beleza ao nosso redor, conectando-nos com nossos sentimentos mais profundos. Por meio das nossas escolhas estéticas, podemos criar conexões com o mundo e refletir sobre nossas emoções e nossos pensamentos, expressando nossa individualidade. Os sons, os cheiros, enfim, toda essa construção simbólica que nasce a partir dos sentidos contribui para que possamos "intuir com a vida", pois essa forma de organização plástica afeta nosso corpo e nossa mente, sendo fundamental para o bem-estar emocional, a criatividade e o crescimento pessoal.

O design de interiores, como metodologia, nesse ponto vem para materializar o processo criativo que surge dessa experiência de integração entre os sentidos, pois abre a possibilidade de mediar, articular e integrar o eu (*self*)* de cada um ao mundo, unindo histórias vividas com a própria vida que ali se constitui.

E, se nesse contexto de busca estética, as mãos passam a contribuir para os olhos, é justo que os olhos também assumam seu papel tátil, passando a colaborar com o corpo e os demais sentidos. Enquanto o olho distancia, separa, analisa, controla e investiga, o tato é o sentido da intimidade e da afeição; ele aproxima, acaricia, por meio dele retemos o conhecimento sensorial. Tato e visão são sentidos complementares que trabalham juntos para nos ajudar a entendermos o todo e termos uma experiência estética mais integrada.

A dobradinha entre ambos, em conjunto com os demais sentidos, tem nos auxiliado no surgimento das novas experiências simbióticas entre o corpo, a mente e a casa, abrindo-nos a novas maneiras de ver e pensar a casa, bem como provocando uma ruptura com a forma racional de ver, como se fôssemos meros espectadores da vida.

Na decoração, a memória tátil trabalha em parceria com o olhar para nos trazer experiências de profundidade e materialidade. A visão revela aquilo que o tato já sabe, enquanto nossos olhos acariciam superfícies, curvas e bordas, e a sensação tátil nos sinaliza se a experiência

---

* No âmbito da psicologia analítica de Carl G. Jung, "o *self* – também denominado de si mesmo – é o centro organizador não só do inconsciente (pessoal e coletivo) mas, também, de toda a psique" (Ramos, 2005, p. 196). (N. E.)

será prazerosa ou não. Assim, a escolha de texturas dos materiais de revestimento nos exigirá tanta atenção e importância quanto a escolha das cores e formas para a criação de um ambiente agradável e acolhedor.

No dia a dia, em meu escritório, dedico muito mais atenção e tempo a essa fase do projeto – escolha e combinações de texturas –, pois a seleção das texturas é que determinará a perenidade do projeto, tornando sustentável o alto investimento na decoração.

As ==TEXTURAS== e a matéria-prima da qual se constituem falam por si só, sendo responsáveis por realçar a forma, a profundidade e a acústica do espaço, fazendo da percepção do corpo e da imagem do mundo por meio da morada uma ==EXPERIÊNCIA CONTÍNUA==. Nosso corpo passa a habitar o mundo (Pallasmaa, 2011) como o coração está em nosso organismo; ele sopra a vida para dentro da casa, e ela nos sustenta de dentro para fora. Assim, teremos experiências que irão além do visual, possibilitando que se crie um campo de energia que nos nutra ao mesmo tempo que nos acolha, pois a relação simbólica traz consigo o poder da beleza, da harmonia e até de cura.

Àqueles que se sentem tocados pelo que escrevo e entendem o poder que nos aguarda nessa forma de criar a casa, eu recomendo, para que possam perceber a delicadeza com que a alma se manifesta a partir do que é belo e bem-intencionado, que a decoração seja pensada tendo como ponto de partida o amor que essa espiritualidade evoca. Mas é claro que não estou falando aqui daquele tipo de amor romântico e autocentrado, restrito a alguns momentos e lugares em que relaxamos no fim de semana ou mesmo nas férias ao lado das pessoas que nos são próximas e íntimas.

Eu falo de outro tipo de sentimento, que, embora venha do mesmo coração, manifesta-se e faz morada em nós por meio do reconhecimento daquilo que nos é essencial.

A DECORAÇÃO TAMBÉM PODE SE TORNAR UM ATO DE AMOR

Quando estamos amando algo ou alguém, é natural nos declararmos uno com o objeto amado. É aquela relação em que o "meu eu" e o "eu do outro" nos tornamos um. No entanto, para desenvolvermos uma relação que vá em busca de um equilíbrio com a natureza, símbolo máximo da expressão da vida, faz-se necessário ampliar esse contexto para além dos nossos caprichos e das nossas relações, a fim de que o "outro" se torne o próprio planeta Terra, com todo o sistema de organismos que abrange (Roszak; Gomes; Kanner, 1995).

O amor nos acessa com facilidade porque somos afeitos a ele. Essa familiaridade, no entanto, faz que essa ideia se acomode com rapidez em uma cama de repertórios já existentes dentro de nós e que nem sempre são os mais apropriados, pois guardam a sua origem alicerçada na ideia de o homem é o centro – um tipo de crença que, no avanço do tempo, tem se tornado responsável por muitos dos equívocos sociais e ecológicos que estamos vivendo atualmente (Andrade; Pasini, 2022).

Essa visão antropocêntrica nos levou a uma interpretação egoísta e limitada do conceito de amor, criando uma forte dependência em nós, exatamente como uma droga. Daí a importância de lembrarmos que o amor também pode ser uma força que nos conecta com o mundo além de nós mesmos.

Quero dizer que, para aqueles em busca da decoração como autoconhecimento, exercício em direção ao prazer interior e ao encontro com o propósito, é fato que esse amor deverá colocar o símbolo máximo da vida no centro da vida, trocando a antiga visão antropocêntrica de que a natureza deve exclusivamente servir ao homem por uma nova visão, conhecida por ecocêntrica, menos destrutiva e mais responsável perante o ecossistema.

Ou seja, a atenção pela casa e pela vida não se volta única e exclusivamente para nós, mas para a realização de uma tarefa cujo resultado não seja somente uma casa decorada mas uma casa decorada que nos reconecte; que seja algo maior que o controle do olhar e as limitações do entender, auxiliando-nos em nossa capacidade de entrar em sintonia e harmonia, integrando a consciência essencial daquilo que somos com o bem maior, a natureza e o planeta na sua inteireza. A decoração também pode se tornar um ato de amor, consciente de cuidado, respeitando os princípios da sustentabilidade, antes de tudo, com nós mesmos.

A casa conta muitas histórias, e em cada uma delas há uma construção simbólica que nos permite vê-la e senti-la em dimensões que vão além de sua forma e sua função. Sua memória é sempre muito viva, pois é por nossa jornada pessoal que ela guarda o próprio existir: no planeta, na memória de nossos ancestrais, na evolução da tecnologia, em nossos sonhos e em nossa imaginação. Nela estão contidos muitos saberes, ideias, conceitos e tradições os quais já conhecemos e vivenciamos de alguma forma (Batalha, 2016); ela é um espelho da nossa jornada pessoal. Tudo nela fica registrado, de forma que essa integração com a natureza e o planeta deverá partir de um aprofundamento sobre a nossa própria dimensão humana, pois, na visão ecocêntrica, nada pode ser e/ou estar separado: a natureza que está fora é parte da mesma natureza que está dentro de nós, assim como o contrário também é verdadeiro. Ela é uma extensão da nossa identidade e das nossas relações internas e externas com o mundo. Todos fazemos parte de uma mesma realidade.

A ética ecocêntrica lembra-nos da nossa interdependência com todos os seres vivos e nos inspira a buscar uma relação mais harmônica e consciente com o planeta. E, para mim, entendendo que o que está fora é o que está dentro, a decoração da casa deve ser pensada como uma potente forma de expressar essa conexão e essa intenção.

Cuidar da natureza, portanto, passa a ser sinônimo de cuidar de nós mesmos, e decorar a casa, um exercício de aprender a ver, ouvir, saborear, cheirar, tocar os elementos que a constituem – a água, a terra, o fogo e o ar –, nossos ancestrais anímicos, responsáveis pela nossa longevidade, por estruturar nosso corpo e nossa saúde psíquica e mental, gerando um padrão vibratório de harmonia por meio dos materiais que escolhemos e de suas respectivas simbologias, para compor nossa paisagem interior em sintonia com a paisagem exterior. Afinal, ao não acessamos a dimensão da nossa alma por meio das nossas escolhas, corremos o risco de nos tornamos insensíveis.

Para ressignificar os equívocos criados em torno do amor a que nos deixamos domesticar, precisamos tomar a responsabilidade pelo nosso próprio processo de cura e transformação, entendendo que, quando agimos na casa, agimos sobre nós e sobre o planeta. Seja por meio de atos mínimos, como a decisão de limpar uma gaveta ou arrumar um armário, seja por grandes intervenções, como quebrar as paredes para uma reforma maior, estamos agindo em nós e em nossa realidade (Batalha, 2016).

AVENTURA EXTERNA E AVENTURA INTERNA

A vida moderna nos abstraiu das nossas relações com o chão, das nossas raízes, em que nossas casas estão implantadas, e do teto e dos telhados como representações da nossa integração com o céu e o cosmos. Também nos alienou do fato de que os revestimentos ou mesmo os metais e torneiras que usamos pela casa estão diretamente relacionados com os ciclos da água e dos nutrientes, assim como o dos recursos naturais que nesse momento estão sendo esgotados.

Como saber onde nos assentamos e que espaço ocupamos no mundo? Como tomamos posse do nosso espaço no chão da vida? Ele é duro, mole, compacto, flexível, maleável? Carl G. Jung, em *O livro vermelho*, escreveu que "quando não te acontece nenhuma aventura externa, também não acontece nenhuma interna" (2018, p. 202).

É importante atentar que, antes de decorar, há o terreno simbólico das intenções a serem cultivadas, o que significa que, antes de nos aprofundarmos nessa experiência com a casa, deveremos cultivar um terreno favorável para que ela emerja repleta de símbolos de abundância e prosperidade. A nossa qualidade de vida, o nosso tão almejado sucesso, a consciência de quem somos dependem desse reconhecimento simbólico.

Ao nos inteirarmos da importância desse reconhecimento simbólico adormecido e de como queremos ativá-lo, certamente encontraremos as pistas para que isso ocorra, acessando as nossas histórias enquanto desenvolvemos layouts e escolhemos cores e revestimentos.

Acredito que muitos de nós já nos deparamos com a frase "a mudança começa em nós". Eu a complementaria com "tudo começa em casa", pois nada está separado de nada e tudo faz parte do todo e se estende a partir do mundo ao nosso redor. Ou seja, a mudança da realidade planetária com que tanto sonhamos pode começar por nós, por meio de coisas simples e cotidianas, como a relação que desenvolvemos com o entorno.

Estar intencionado com a decoração da casa é abrir-se para o potencial sensorial, estruturando o mundo ao nosso redor a fim de que esse lugar se torne **nosso lugar de centramento, de poder e de sustentabilidade** com nossos sentimentos.

A partir do momento em que tomamos consciência do que queremos vibrar e do campo de intenção pretendido para a casa, passamos a construir nossos símbolos, podendo pintá-los, moldá-los e criá-los, despertando a persona do designer que habita em cada um de nós.

Sim, acredite, conscientemente ou não, dentro de cada um de nós existe uma persona,* um personagem que habita em nós, no papel de um designer interior, que está sempre pronto a expressar a "nossa" natureza criativa, praticando escolhas e assumindo riscos na busca pelo que faça sentido.

De perfil inventivo, construtivo, curioso, empático aos momentos de encontro com as emoções, esse designer que habita em nós é o nosso ser criativo que tem acesso à nossa criança interior, manifestando-se livremente, estando sempre pronto a fazer, escalar, cavar e explorar ativamente as riquezas infinitas que estão ao nosso redor. Ele é sensível aos momentos certos e procura se manifestar buscando dar forma aos nossos sentimentos, fazendo-nos questionar a todo momento sobre as coisas que são invisíveis e, assim, dando vida a elas. Quando nos permitirmos explorar nosso lado criativo, conectamo-nos a esse designer, despertando nossa criatividade, e a um potencial infinito de transformação e realização pessoal.

Sua atuação por meio da decoração da casa não está ancorada pela exploração do mundo com base na razão, mas pela simples vontade do aprendizado criativo com a vida, encontrando e harmonizando formas simbólicas que tenham uma reciprocidade afetiva por meio do amor, da beleza e de sua representação estética.

A partir de então, o que deve ser aprendido não tem fim, e, assim como a vida, seu espelho, a casa vai se apresentando toda feita de pistas, em que, muito embora a casa seja sempre a mesma, a cada movimento nosso ela vai se mostrando mais do que antes. A decoração torna-se, portanto, o registro dessa jornada de aprendizado e interpretação

---

* Esse termo tem origem no teatro grego antigo e significa máscara. Segundo a psicologia analítica de Jung, é um "arquétipo associado ao comportamento de contato com o mundo exterior necessário à adaptação do indivíduo às exigências do meio social onde vive" (Ramos, 2005, p. 197). (N.E.)

em que sempre haverá mais a descobrir, explorar e expressar para revelar a casa, um espaço vivo que se transforma, assim como nós nos transformamos.

EM BUSCA DOS SENTIDOS DA ALMA

De acordo com a filosofia oriental, para cada um dos sentidos (visão, paladar, audição, tato e olfato), temos de considerar que existem seus pares correspondentes interiormente, os sentidos da alma, assim denominados desde a Antiguidade pelo teólogo Orígenes de Alexandria.

Os sentidos da alma serão as ferramentas do designer que habita em nós, manifestando nossos dons no plano invisível, para exercer a MAGIA DA VISÃO, a qual nos convida a um aprofundamento sobre nós mesmos, permitindo-nos enxergar além das fronteiras do olhar; o MÍSTICO DA AUDIÇÃO, que capta as vozes que ecoam da nossa interioridade, fazendo-nos perceber a natureza como estando imersa em música divina; o INSTINTO DO OLFATO, o mesmo que vincula a mãe ao bebê para todo o sempre e se deixa salivar pela imaginação, bem como seu poderoso impacto psicológico, o qual registra e celebra cada ritual com a vida; a ESSÊNCIA DO PALADAR, elixir da vida, fonte de endorfinas, manifestando a vitalidade, a euforia, o êxtase e a crença da perpetuidade espiritual, e a SUTILEZA DO TATO, do ser tocado, que se encanta profundamente com o tocar de cada nova descoberta, do sentir o Verbo da vida integrando não só o corpo mas também as relações com o outro e com todo o universo em meio a uma grande teia divina.

Os sentidos da alma me trazem a lembrança de minha tia Etelvina, uma mulher do campo que muito raramente visitava a cidade. Descendente de italianos que vieram para o Brasil fugindo da fome deixada pela guerra, tinha uma origem muito simples, e provavelmente, tal qual o do meu pai, seu aprendizado escolar não devia ter passado do primário (o correspondente ao ensino fundamental I de hoje). Sua sabedoria com a vida vinha de uma profunda conexão com os sentidos, e foi por meio da sensibilidade dela que eu aprendi a perceber o mundo pelos sentidos da alma. Mas é claro que precisei de algum tempo, uma viagem à China e muitos livros para entender mais a respeito dessa sabedoria interior que está disponível dentro de nós.

Repleta de obrigações, tia Etelvina acordava sempre de madrugada para preparar o café para os filhos, que dividiam com meu tio a responsabilidade pelo sustento da família, ordenhando as vacas, cuidando da plantação e comercializando o leite e os frutos da terra. Seus dias se resumiam em cuidar dessa família, transformando o leite em queijo, e o porco abatido, em linguiça; utilizando a banha derretida para cozinhar e fazer sabão; pegando ovos e, por vezes, sacrificando algumas galinhas para o almoço do domingo; colhendo as flores, frutas e verduras cultivadas ao redor da casa, transformando-as em geleias e complemento do almoço, sem se esquecer, em meio a isso tudo, de manter o fogo do fogão a lenha sempre atiçado.

Além da doçura e da delicadeza que a tornavam uma tia tão especial, duas coisas sempre me chamavam a atenção diante daquela infinidade de afazeres: seu zeloso e extremo cuidado com a casa e sua profunda conexão com a natureza.

Nessa casa, onde passei boa parte das férias da minha infância, ==tudo era muito simples e, ao mesmo tempo, extremamente belo==, arrumado e limpo. Foi nessa casa que vim a ter alguns princípios de decoração que utilizo até hoje. O ponto alto era a cozinha, onde tudo se dava ao redor do fogo. Sobre o fogão, a chaleira sempre aquecida e pronta para o café; ao alto, as linguiças contorcidas aguardavam o tempo da cura. Enquanto os cheiros da lenha e da banha derretida se espalhavam pelo ambiente, os estalos do fogo criavam seu ritmo, anunciando que, embora todos ali tivessem horário a cumprir, o tempo se fazia com paciência e presença. No centro, ficava a imensa mesa de refeições, e ao seu redor se distribuía mais de uma dezena de cadeiras de modelos e tamanhos diferentes.

Habituado de que ali, naquela mesa, cada um tinha o seu lugar, e no silêncio de uma criança curiosa que gostava de ouvir os adultos, foi assim, sem querer, que aprendi a diferenciar e associar os humores e as personalidades dos móveis de acordo com o perfil de quem os ocupava, o que mais tarde se tornou uma habilidade e um estilo no meu modo de trabalhar.

Na realidade, as cadeiras diferentes que ali se encontravam eram resquícios de todas as cadeiras que um dia ali estiveram. Conforme iam se quebrando, as que sobravam eram agregadas ao novo conjunto que chegava. Porém a tia, enquanto conversava com cada uma delas, tinha um jeito próprio de arrumá-las, identificando-as de acordo com o nome de quem gostava de ali se sentar. Atento, eu observava aquela conversa e, quando dei por mim, havia aprendido a conversar com as paredes e com os móveis da casa por meio dos sentidos da alma.

Mais tarde, quando me tornei um pesquisador, observei que, assim como eu, a maioria das pessoas guarda referências estéticas ocorridas com a casa desde a infância, um conteúdo que está sempre pronto a emergir para entrar em ação. Descobri também que todos têm a sua tia Etelvina, que por vezes se revela na figura de uma vizinha, uma avó, um amigo ou até mesmo alguém desconhecido que nos chama atenção durante um passeio ou uma história que tenha sido contada e que trazemos conosco na memória, inspirando a consciência pelo despertar da nossa jornada estética.

Eis o poder contagiante da beleza que nos alerta em relação à nossa responsabilidade estética perante as crianças, que, por não estarem domesticadas nem contaminadas com as mazelas adultas, percebem a beleza em tudo, facilmente transformando imaginação em realidade, e vice-versa.

Para que aconteça esse resgate do designer que habita em nós, é fundamental entendermos a casa como uma mandala que se organiza por meio do amor e da beleza, sensibilizando-nos com as memórias, reconstruindo e afirmando as nossas relações com a vida, conectando-nos ao mundo, gerando sementes de prosperidade, harmonia e felicidade, exercendo seu protagonismo na vida no planeta, e não mais como a coadjuvante passiva da história. A partir de então, cada ação nos coloca em contato com uma nova compreensão da casa, modificando a forma de contar nossas próprias experiências de vida.

Para o biólogo Bruce H. Lipton (2007), os símbolos representam a força que mora em tudo o que vemos, sentimos e tocamos. Eles representam ideias, conceitos e emoções que estão presentes em nosso inconsciente coletivo. Por meio deles, podemos acessar informações físicas e energéticas que nos conectam com a força da vontade que nos impulsiona a transformar o nosso redor.

O ar que respiramos, os alimentos que ingerimos, o ato de tocarmos outras pessoas, os móveis da casa, seus objetos, suas paredes e seu teto, até mesmo as notícias que ouvimos ativam essa conexão simbólica (para o bem e para o mal), tornando o nosso corpo e seu espelho, a nossa casa, campo de referência, memória e integração de novas descobertas e aprendizados.

Seja observando uma pintura, deixando que ela nos remeta para o mundo da imaginação, seja quando estamos diante de uma poltrona, uma cadeira ou um sofá e, de repente, pegamo-nos sonhando com o conforto do corpo e até quando assistimos a bons filmes e séries, deixando nossa vida cheia de novas histórias e dramas (Goldhagen, 2017). Assim como as nossas experiências na casa alcançaram a nossa percepção do mundo, também é possível utilizar a arte, os objetos e a decoração para transformar a nossa percepção e criar histórias, tornando-nos mais criativos, inspirados e conectados à experiência dos sentidos.

Note que aqui existe uma sutileza à qual é necessário prestar atenção. Nossas histórias não mudarão, mas, a partir do amor e da atenção que temos por elas, mudaremos a forma de contá-las, criando simbologias. Será esse novo jeito de contar nossas histórias que inspirará outras pessoas a se conectarem com suas casas de uma forma mais consciente e responsável, gerando, a partir desse núcleo criativo, uma mudança positiva no mundo. Eu presencio essa experiência em alguns projetos e pergunto: por que não pensar assim?

MERGULHANDO NA SIMBOLOGIA DOS QUATRO ELEMENTOS

A terra, a água, o fogo e o ar podem ser vistos como forças que, condensadas, manifestam-se na matéria como fenômenos físicos. Mas, enquanto princípios, eles atuam em nível psíquico. Juntos, fenômenos (matéria) e princípios (espiritual) são estados complementares entre si e merecem ser estudados como matéria-prima dessa nova forma de pensar a casa.

Carl G. Jung preconizou que nós não temos a capacidade de percepção ou entendimento das realidades por completo, pois somos dependentes dos nossos sentidos e dos nossos conteúdos internos, sejam esses conscientes ou inconscientes. A nossa realidade, então, dependerá de como somos afetados pelo que vemos, sentimos, escutamos, cheiramos e tocamos. Esses conceitos, embora os conheçamos bem, estão fora da nossa capacidade de compreensão e precisam ser simbolicamente representados, de maneira a serem respeitados ou seguidos (Mantovani; Monteiro, 2022).

A partir disso, Jung desenvolveu a sua teoria dos tipos psicológicos, definidos por introversão (pessoas que focam a atenção em suas emoções e seus pensamentos; pensam antes de agir) e extroversão (pessoas que focam a atenção nos acontecimentos sociais e em pessoas; confiam no encontro com o externo). Esses tipos se diferenciam por meio de quatro funções psíquicas distintas e complementares e que estão associadas aos elementos da natureza: sensação (terra), pensamento (ar), sentimento (água) e intuição (fogo).

Assim como na psicologia, cada um de nós, na busca pela casa decorada, tende a ser o resultado da mistura de duas ou, às vezes, até três funções, enquanto as funções ausentes ou a parte negativa das manifestadas devem ser analisadas como meta complementar a ser buscada no desenvolvimento e na implementação do projeto. A função, aqui, é podermos enxergar as partes as quais não conseguimos ver com clareza e nos abrirmos a um pensamento autocrítico, assim como encontrar um caminho que nos ajude a buscar novas referências simbólicas que nos direcionem ao mundo interior, ao nosso inconsciente e a todo o seu vasto potencial para crescimento.

Mas o simbolismo dos elementos não para aí; ele é ainda mais complexo, permeando a história da humanidade. Está na base do taoismo, do hinduísmo, do budismo e da umbanda (Mantovani; Monteiro, 2022). Na roda da vida, dentro do xamanismo, eles representam o movimento cíclico das etapas da vida, assim como em outras culturas primitivas eles se relacionam com os pontos cardeais. No design de interiores, estão relacionados aos princípios de atuação do nosso espelhamento com a casa e, neste livro, foram utilizados para nos inspirar a sair em busca de caminhos que nos despertem a interagir com a casa.

O elemento fogo (norte; intuição)

Simbolicamente, o fogo representa o nosso nascimento, o trazer à luz e o sol nascente. Assim, está ligado ao começo do contato com a intuição da qual vêm a inspiração e a motivação para um novo ciclo de experiências que se inicia com um sonho, um projeto, um desejo (Mantovani; Monteiro, 2022).

No design de interiores, o fogo representa o ==começo de cada projeto, e todo início requer ousadia, coragem e combatividade== diante dos desafios. A intuição ativará tanto a nossa criatividade quanto a nossa imaginação, guiando-nos por meio da força de vontade e pelo acesso às nossas memórias. Será preciso ir em busca dos sonhos pela casa, pois todos os sonhos são como sementes as quais devemos acolher e regar, da mesma forma que é preciso cuidar de uma criança que nasce e amá-la.

Na decoração, aqueles de perfil mais intuitivo são altamente sensíveis à atmosfera e ao fluxo da energia. Essas pessoas estão sempre interessadas nas técnicas e nas formas de criação e purificação do espaço (feng shui, vastu shastra, radiestesia e geobiologia, entre outras), bem como no próprio início do projeto com o uso de tais técnicas.

Geralmente, o nosso lado intuitivo é criativo e ousado. Ele nos provoca para que saiamos do lugar comum por meio de mudanças radicais, resultando em uma mistura de estilos, épocas e influências. Nessa casa, a profusão de ideias é grande, de forma que todo ambiente pode ser algo a mais. Por exemplo, uma cozinha pode ser um ateliê com peças de artesanato em plena produção, ou um escritório com os projetos espalhados sobre a mesa, ou mesmo uma estufa de plantas na qual a geladeira talvez esteja escondida sob alguma folhagem.

O complementar da intuição é a sensação, ligada a pessoas práticas, organizadas e realistas. Isso porque a fragilidade dos intuitivos é não pensar na manutenção e na facilidade da limpeza, pois raramente se preocupam em trocar itens inúteis por outros de maior praticidade (Alexander, 2001). A espontaneidade e o pouco senso prático relacionados à intuição podem se tornar grandes desafios, ao não se dar importância para a fase projetual do trabalho.

Meu conselho para os momentos de intuição é: busque inspiração na função sensação, respire, dê tempo ao tempo, olhe para o projeto de uma forma mais ampla e, principalmente, não perca a mão quando a compulsão do consumo se instalar. Simplesmente, pare o que está fazendo e saia, dê uma volta, visite uma exposição ou mesmo tome um sorvete para "gelar as ideias". Rememorar os motivos que levaram a querer decorar sempre ajuda na hora de colocar os pés no chão antes de uma decisão ser tomada.

O elemento água (sul; sentimento)

Está ligado à infância, ao começo do desenvolvimento da consciência, e é simbolizado pela semente. É quando não há formas ainda definidas. O sul representa o encontro com aquela parte de nós que, no futuro, trataremos como a criança interior, da mesma forma que representa o encontro com o grande feminino, em que podemos nos banhar nas águas de nossos sentimentos, aprendendo a confiar na correnteza da vida, a qual, com fluidez e flexibilidade, contorna obstáculos e segue seu caminho em direção ao mar (Mantovani; Monteiro, 2022).

No design de interiores, os sentimentais tendem a se tornar os melhores estudantes sobre a casa, procurando informações, percebendo como o mercado funciona, DESCOBRINDO TUDO OU "QUASE TUDO" sobre estilos, móveis, cores, tons, automação, etc. Mas, mesmo com toda a meticulosidade envolvida, o excesso de opções exige que as informações sejam organizadas, para descobrirmos se elas nos são agradáveis de fato ou assim parecem porque alguém nos tenha sugerido.

Na decoração, os sentimentais não apreciam o trabalho solitário e sempre buscam ajuda externa, pois a parte boa de tanto saber é poder compartilhar. O risco, aqui, é esquecer as nossas próprias histórias e, em algum momento, preterir a criança interior em prol das histórias alheias, ou, então, enganar-se por histórias inventadas. Não há nada de errado em inventar histórias; o que não é bem-vindo é o afastamento da nossa criatividade, aquela que nos levou a ir em busca de uma nova forma de morar. As novas informações e as descobertas devem ser gatilhos criativos, e não o alvo da nossa mira, pois, embora seja imprescindível a elegância dos ambientes, esses de nada servirão se não forem confortáveis e abraçarem todos que ali convivam.

O ponto fraco na decoração pode ser a frieza, já que nada pode estar fora do lugar, assim como um certo esnobismo, pois os sentimentais se ofendem com aqueles que não admiram o que seu esmero criou (Alexander, 2001). Um caminho para o equilíbrio é buscar a sua função complementar, o pensamento (relacionado aos atos de discriminar e classificar uma coisa em relação a outra sem levar em conta o valor afetivo).

Meu conselho aos sentimentais é: confiem mais em vocês; não sejam tão preciosistas. Uma certa bagunça é necessária, além de deixar a casa "com cara" de casa.

O elemento terra (leste; sensação)

Simbolicamente, o broto, que era maleável e frágil, transforma-se em uma árvore, e passamos a ocupar nosso espaço na vida adulta. A criança interior finca fundo suas raízes na terra, manifestando-se no aqui e no agora, apoiando-se no amor e em sua criatividade, manifestada na persona do designer que habita em nós, passando a buscar a beleza, seu prazer interior e o contato com a alma.

No design de interiores, a sensação nos diz que, além de todo o conhecimento adquirido e das informações organizadas, algo mais existe e precisa ser mudado em nós ou por meio de nós, pois há um apego e uma "inocência" em sempre acreditar nas coisas como elas se apresentam, buscando, além da beleza, a função das coisas. É hora de COLOCAR OS PÉS NO CHÃO e pensar na vida como ela é; em como transformar esse projeto em algo factível. Também é um bom momento para pensar no

FUNCIONAMENTO DA CASA – por exemplo, como serão os eletrodomésticos, os eletrônicos, a distribuição dos armários e dos móveis, suas prateleiras e gavetas.

Na decoração, é importante perceber que a simplicidade pode ser uma grande amiga, pois os excessos tendem a nos escravizar. Também é um momento de consciência; de comprar algo novo só se estivermos realmente precisando. A sensação nos chama a atenção para o aqui e o agora. Já criamos, já imaginamos, já pesquisamos e nos instruímos, e chegou a hora de lidar com a realidade. É também preciso pensar na manutenção de tudo o que está largado pela casa, cuidar dos vazamentos, verificar lâmpadas a serem trocadas, ter utilitários, talheres e ferramentas sempre à mão e prontos para serem usados. Decoração também é sinônimo de organização.

A simplicidade, porém, quando em excesso pode se tornar um ponto fraco, acarretando falta de criatividade e uma certa avareza consigo mesmo. Uma coisa é ser econômico, e essa qualidade é sempre bem-vinda; outra coisa é viver sem conforto e qualidade de vida (Alexander, 2001).

Meu conselho: conecte-se à sua intuição, a sua função complementar, e busque dentro de si a criatividade. A perenidade da casa deve ser compensada com bons investimentos. Assim, justifica-se investir em menos peças e de melhor qualidade, entendendo o dinheiro como expressão do sagrado da matéria. Acima de tudo, você merece.

O elemento ar (oeste; pensamento)

É simbolicamente representado pela sabedoria extraída de tudo o que foi vivenciado e pode ser comunicado e ensinado. A criança do sul quer evoluir no oeste como designer de si mesmo. Agora, o norte torna-se o ancião, aquele que encontrou sua alma e por meio dela vislumbra horizontes, encontrando leis gerais para os fenômenos que observa (Mantovani; Monteiro, 2022).

No design de interiores, é a hora de nos munirmos de planilhas, memoriais, orçamentos e tudo o mais que traga segurança e visão futura. Durante a implantação do projeto, errar é uma condição humana; persistir no erro, uma autossabotagem. Assim como a chama é suportada pelo pavio, a alma requer um corpo e uma mente atenta. Como designer de nós mesmos, o caminho do meio é sempre a melhor escolha na ==ponderação entre o que queremos e o que podemos ter==.

Na decoração, é importante o ==discernimento entre o que é efêmero e o que é funcional==, entendendo que ambos são necessários. É desse escaneamento do ambiente que surgirá a nossa identidade, o que só na prática é possível alcançar. Se não arregaçou as mangas até agora, está na hora de começar. O medo faz parte, e seguir adiante é preciso.

O ponto fraco dos pensadores é preferir a bagunça e o acúmulo, negligenciando a organização e a ordem. Quando decoram, são aqueles que compram um objeto novo, mas se esquecem de tirar a etiqueta do produto (Alexander, 2001).

Meu conselho: ==priorize tudo o que é prático==. Isso é importante a você, para que a decoração passe a fazer sentido.

CAPÍTULO 6.
A EXPERIÊNCIA E O PERTENCIMENTO

> [...] fazer uma experiência com algo significa que algo nos acontece, nos alcança; que se apodera de nós, que nos tomba e nos transforma. Quando falamos em "fazer" uma experiência, isso não significa precisamente que nós a façamos acontecer, 'fazer' significa aqui: sofrer, padecer, tomar o que nos alcança receptivamente, aceitar, à medida que nos submetemos a algo. Fazer uma experiência quer dizer, portanto, deixar-nos abordar em nós próprios pelo que nos interpela, entrando e submetendo-nos a isso. Podemos ser assim transformados por tais experiências, de um dia para o outro ou no transcurso do tempo.
>
> Martin Heidegger, *La esencia del habla*

E se todas as supostas verdades que aprendemos sobre o mundo não forem verdade? E se tivermos entendido tudo errado? Estamos sempre correndo para chegar a algum lugar que não nos permite ver as nuances e a delicadeza da vida. E se a cooperação, e não a competição, for a chave para a sobrevivência? (Lipton, 2007).

Essa é uma reflexão importante e atual que nos convida a rever nossas crenças, mesmo quando se contrapõem à realidade. É muito comum ficarmos presos em nossas próprias perspectivas e acreditarmos que temos todas as respostas, mas a verdade é que SOMOS LIMITADOS PELO NOSSO PRÓPRIO PONTO DE VISTA, e, ASSIM COMO ACONTECE NA VIDA, ACONTECE NA CASA: nos fixamos a tudo que está ali e vamos nos engessando perante as experiências, até que deixamos de senti-las.

O que une os sentidos aos símbolos são as experiências, e isso significa que, embora tenhamos a capacidade de nos apegarmos a algumas crenças e à simbologia que ela nos representa a ponto de defendê-las como verdades com unhas e dentes, as histórias que temos contado sobre nós mesmos – a realidade e o nosso lugar nela – precisarão ser ressignificadas segundo uma dimensão saudável da consciência. Para isso, precisaremos estar abertos a questionar nossos valores e, sobretudo, dispostos a ressignificar nossa história e nossa relação simbólica com o mundo, por meio de experiências que proporcionem significados de amor, felicidade, solidariedade e tranquilidade, entre outros, pois experienciar, antes de tudo, significa mover-se, sair do lugar. Assim, a decoração não deverá ser pensada como algo que vem a nós pacificamente, mas como UMA CONQUISTA, algo a ser buscado.

Nós somos parte do mundo, portanto somos cocriadores da evolução da vida no mundo. Temos o livre-arbítrio de como construí-lo, e o sucesso dessa construção dependerá das nossas escolhas. Essas, por sua vez, dependerão da nossa consciência, e não da conta no banco ou do nosso *status* perante um grupo.

A VIDA E A CASA SÃO ALICERÇADAS POR NOSSAS HISTÓRIAS

Pensar os ambientes da casa com base em um mundo que enalteceu uma única dimensão da realidade pode ter feito de nós seres cultos e evoluídos sob o ponto de vista racional. Essa unidimensionalidade, no entanto, resultou em uma relação grosseira e impessoal com a casa.

A consequência desse relacionamento superficial é que ela se tornou apática, sem toque, sem sabor, sem gosto, sem cheiro e sem som. Uma casa para ver, dormir, comer e nada sentir. Na decoração, estilos, moda, gostos e achismos a ocuparam, e, para compensar as experiências que ficaram contidas na infância, nós passamos a encher a casa de adjetivos, e não de envolvimento.

Parece-me que o nosso papel como designers de nós mesmos é reaprender a aprender, fazendo, amando e sendo gentis com nós mesmos, desenvolvendo essas qualidades essenciais. Para isso, nossas crenças e nossos comportamentos em relação à realidade em que vivemos precisarão ser reavaliados a fim de que um novo padrão de consciência emerja.

Daí o fato de muitos de nós, por vezes, sentirmos tédio com os objetos e detalhes perfeitos dispostos em prateleiras. Em um primeiro momento, eles nos empolgam e nos surpreendem por sua forma, sua cor e seu acabamento, mas, levados para casa, perdem-se em meio a um vazio que ali habita, tornando-se apenas mais um objeto. Essas fórmulas prontas, calcadas no consumo, estão perdendo força, e eis que o nosso jeito de fazer por meio da experiência precisa ser valorizado.

QUE HISTÓRIAS TEMOS CRIADO?

No processo de aprendizado por meio do design de interiores, a experiência é contínua, e sempre há mais possibilidades a descobrir e a explorar. Quando aplicado à decoração de uma casa, isso significa que cada objeto e cada ambiente escolhido pode ser uma oportunidade para aprender mais sobre si mesmo, sobre si mesma, e se expressar de maneiras únicas e significativas.

Diariamente, experienciamos a casa por meio do nosso corpo – as pernas medem o comprimento e a largura dos ambientes; os olhos, inconscientemente, projetam nosso corpo nas paredes, perambulando sobre cada móvel e objeto, molduras e curvas, sentindo o tamanho dos recuos e projeções. Esses são encontros que interagem com nossa memória. Ao tocarmos algo, nosso peso encontra a massa do objeto tocado, convidando-nos a mergulhar em nosso mundo interior para acessar histórias, lembranças e sonhos (Pallasmaa, 2011).

Na decoração, nós nos experimentamos por meio da casa, para que ela possa existir a partir da experiência estético-corporal. Assim, ==nossa casa e nosso corpo se complementam== e se definem, ampliando nosso imaginário, trazendo à tona memórias que serão acolhidas e exploradas dentro dos ambientes.

Assim, a decoração deve ser pensada como uma extensão da natureza, fornecendo as bases para a percepção e o horizonte para a experimentação de um encontro que funde volumes, superfícies, texturas e cores, até mesmo os aromas e sons, em uma cascata de associações. A decoração não mais poderá ser tratada como uma coletânea de imagens, objetos e moveis aleatórios, criada baseando-se em uma arquitetura muitas vezes pensada para nos isolar do restante do mundo. Muito pelo contrário, o design de interiores deverá ser pensado para auxiliar e direcionar a horizontes mais amplos, nos quais espaço, matéria e tempo se fundirão em uma dimensão única: a dimensão do tempo vivido, em que abundam experiências afetivas.

Toda experiência afetiva é multissensorial

Para que ocorra o aprendizado estético, juntam-se as ==experiências== que temos nos processos de escolha e definição de materiais e a ==cognição== que, tendo a percepção e os órgãos dos sentidos como mediadores, organiza, armazena e faz o conhecimento acontecer e se ampliar por meio de novas experiências sensoriais a partir da nossa interação com o espaço e tudo à sua volta.

Será por meio do processo cognitivo que conseguiremos desenvolver capacidades intelectuais e emocionais relacionadas ao aprendizado da nossa linguagem estética, influenciando nossa forma de pensar, memorizar, raciocinar, compreender e perceber a casa no processo da decoração.

É esse todo que complementa o nosso eu, de modo a formar nossa própria identidade estética. Ou seja, a cada um de nós é conferido um poder de escolha simbólica, demandado por nossas necessidades, nossa vontade, nossos sentimentos e nosso conhecimento. Quando esses sentimentos não estão alinhados com aquilo que de fato pode nos individualizar, é gerada uma leitura equivocada da casa, a qual passa a não nos representar.

O que os estudos em neurociência têm apontado é que, por meio da cognição, tanto a construção de um ambiente quanto o seu projeto são muito mais importantes do que podemos imaginar. Nossas casas são como espelhos que nos mostram o mundo que criamos. Por meio do que observamos à nossa volta, ilustram-se claramente as maneiras de refazer nossos mundos, para que sejamos menos mortíferos e mais vivos perante nosso próprio corpo, nossa mente e nossos semelhantes. Assim, a aplicação e o uso do design de interiores tornam-se uma poderosa ferramenta transformadora da vida (Goldhagen, 2017).

EXPERIÊNCIA AMBIVALENTE

Quando os ambientes decorados falam algo sobre nós, eles o fazem de diversas formas, criando associações e despertando lembranças. A experiência é ambivalente, acontecendo ao mesmo tempo com o ambiente e em nosso interior, em um processo complexo e multifacetado.

Diariamente, quando nos lançamos ao mundo em busca de aventuras, reconhecemo-nos simbolicamente pelos objetos e pelas histórias vivenciadas, criando aprendizados e, a partir deles, novas consciências. Ao final dessa aventura, ao voltarmos para casa, nela simbolizamos, por meio da arrumação e da decoração, esse encontro com a vida.

Contemplamos, tocamos, ouvimos e medimos o mundo com toda a nossa existência corporal; o mundo que experimentamos se torna organizado e articulado a partir do nosso corpo, por meio de nossas memórias e nossa identidade. Um caminho de ida que se complementa com o de volta, e em meio a esse fluxo se apresenta a casa, ==eixo que articula o mundo, o homem e a sua alma==.

A designer de interiores Ilse Crawford (2000) defende que uma boa decoração é sempre muito mais do que a forma pela qual as coisas parecem distribuídas no espaço. Trata-se de ter certeza da importância da experiência humana, do exercício do prazer interior em busca do amor, da felicidade e do bem-estar, tornando a vida mais criativa.

Por meio das experiências é que a casa deixa de ser um espaço físico para se constituir em um espaço de encontro simbólico com valores genuínos, transcendendo a geometria e a mensurabilidade.

Para Roberto Crema (2018), todo encontro é o pressuposto de cuidado, integração e harmonia entre os opostos, e o cuidado com a casa passa a representar esse encontro entre a viagem e a chegada, o descanso e o movimento, o sagrado e o mundano, o público e o íntimo, o familiar e o comunitário, dentro e fora, lazer e trabalho, feminino e masculino, coração e mente, ser e tornar-se, um lugar ideal, onde nascem e se enraízam os princípios da cooperação, da regeneração e da nutrição.

O designer que habita em nós

Ao assumirmos nosso impulso criativo como designers de nós mesmos e nos envolvermos com o trabalho, seja buscando um projeto de design de interiores, seja escolhendo acabamentos, seja restaurando ou reciclando um móvel para a casa, sentiremos a liberdade de nos conectarmos profundamente com aquilo que estamos criando. Não importa a extensão do movimento feito, e sim a sua qualidade.

Ser designer significa ser curioso e investigativo, aprendendo a ==lidar com o medo, a ambiguidade e a incerteza== como principais desafios, que de certa forma estão se tornando cada vez menos desafiadores como consequência de toda a informação disponível na internet.

Esse designer que habita em nós se envolve no trabalho, em si e por si mesmo. A satisfação e o envolvimento com a decoração da casa transformam-se em recompensa emocional e contentamento interior. É dessa forma que o trabalho realizado vai ganhando alma, pelo conjunto de experiências que passam a ser uma realidade personalizada, refletindo a estética e a ética de quem vive ali.

> Começamos fazendo esboços, depois traçamos um desenho e em seguida fazemos um modelo, para então chegar à realidade – vamos ao espaço em questão, voltando mais uma vez ao desenho e à concretização e de volta novamente ao desenho (Sennett, 2009, p. 52).

Uma vez que a experiência é, em primeiro lugar, um encontro, é preciso dar tempo e atenção aos sentidos para que eles expressem seus significados, pois o processo de decorar a casa deve ter o seu próprio *timing*. Ao darmos tempo para que nossas ações se instalem e surtam efeitos, ocorre um intercâmbio curioso no qual imprimimos nossas emoções por meio da decoração, a fim de que a casa imprima, em nós, sua autoridade e sua alma. Quando menos percebemos, em determinado momento nos encontramos na casa.

No âmbito do design de interiores, o fazer ocorre por camadas, por temas e potenciais a serem trabalhados. Com essa forma hierárquica e sequencial, é possível perceber gradativamente como essas ações mudam a nossa vida à medida que interagimos com o espaço.

As camadas são representadas por **SEIS ELEMENTOS AMBIENTAIS** que influem nas experiências com a casa, experiências essas que constituem o aprendizado por meio do design de interiores. Os seis elementos ambientais são espaço, luz, textura, cor, som e aroma (Cavalcante; Elali, 2011).

Espaço

O espaço será a **BASE** da qual partiremos para a **NOSSA BUSCA ESTÉTICA**. Ele se mostra ambivalente na medida em que pode agir sobre nós como agente estimulador e/ou repressor, variando de indivíduo para indivíduo conforme a constituição, o sistema de crenças e o humor.

Podemos observar e sentir o espaço com base em sua forma e suas escalas, mas também por seus reflexos, texturas e cores e pela passagem do tempo. Por sua vez, o modo como nos colocamos e interagimos com o espaço é influenciado por diversos fatores, como cultura, experiências de vida e personalidade. Esses são os motivos que fazem do espaço da casa um ponto central em nossa vida, pois é o local onde podemos nos expressar pela maneira como o organizamos e decoramos. O espaço **É O VAZIO**; caberão, a quem for preenchê-lo, o discernimento e a ponderação.

Ao nascermos, chegamos ao mundo abrindo os olhos, sensibilizados pela luz, e, da mesma forma, quero acreditar que estamos abrindo os olhos e a mente para a construção de uma casa decorada, que guarda em seu simbolismo a ideia de renascimento para uma nova consciência, na qual a geometria da natureza que existe no inconsciente poderá agora ser refletida na geometria de cada ambiente, a fim de que lar e prazer interior se transformem em uma construção indissociável entre o ser e o estar pelas mãos do designer interior.

Luz

Em qualquer ambiente, a luz pode ser ==DIRETA, INDIRETA OU DIFUSA==. No caso da luz solar, ela é muito importante para nós, regulando as funções fisiológicas, como o ciclo circadiano, a absorção de cálcio, o crescimento corporal e a imunidade. Ela também projeta sombras fortes e oferece contrastes de vários portes no matiz e na temperatura, podendo, inclusive, ofuscar ao incidir diretamente no espaço através de uma janela.

A luz indireta reflete-se como um ricochetear de superfícies, dentro ou fora dos ambientes, podendo interferir na quantidade e na qualidade das cores e, consequentemente, no resultado de um ambiente.

A luz difusa, ao atravessar barreiras como persianas, cortinas, painéis, tijolos de vidro, etc., cria uma variação de efeitos que confere texturas, cores e formas as quais propiciam efeitos infinitos e prazerosos ao olhar.

No design de interiores, a luz também pode ser provocada por meio do fogo, evocando sua origem mais primitiva. Seja artificial, seja natural, a luz faz emergir imagens da memória, das fantasias e dos sonhos, permitindo-nos acessar um segmento de saberes e surpresas sensoriais – segurança, êxtase, tranquilidade, romantismo, calor emocional, físico e psíquico. Além disso, serve para cozinhar, aquecer e promover o convívio, de diversas maneiras.

A luz ==TOMA O ESPAÇO E O MODELA==, fazendo-nos perceber as novas dimensões em cada ambiente da casa. Ela também nos convida a entrar em contato com a dimensão da escuridão e, junto dela, com a intimidade e seu potente poder de introspecção e regeneração, que ficou reduzido às poucas horas de sono e aos fugazes encontros entre os amantes. Entre tantos aprendizados que emergem, o convívio com a sombra e a escuridão tornou-se desafiador em um mundo que se organiza para ser cada vez mais iluminado. A sombra e a escuridão reduzem a precisão da visão, deixando que a profundidade e a distância se tornem ambíguas, ativando nossa imaginação e nossa fantasia.

Biologicamente, a luz e a escuridão são essenciais para a saúde; já sabemos que algumas glândulas são ativadas sob seus efeitos. O nascer e o pôr do sol nos mostram uma vida em ciclos, ensinando-nos que os opostos são complementares. Além disso, elas nos educam para lidarmos com as adversidades e encontrar equilíbrio entre os antagônicos. O branco e o preto, o macio e o áspero, o liso e o rugoso, o artesanal e o industrial, entre outros exemplos, passam a conviver lado a lado, revelando uma conexão sedutora, prazerosa e integrada.

Na prática, ao explorar o uso da luz e de suas variações na decoração, passamos a enxergar a casa nas suas camadas e na profundidade dos seus limites. Nessa paleta de intensidades, somos convidados a explorá-la com o nosso corpo, que se ajusta e se modela a cada instante, estimulando a nossa sensualidade, para que possamos pensar de uma forma mais criativa e menos pragmática.

Devo confessar que, mesmo depois de anos trabalhando como designer de interiores, ainda me emociono todas as vezes que as luzes se acendem, revelando cada detalhe do que ali está. Iluminar já não é uma questão de substituir o sol de modo que o dia se estenda noite afora, mas de ==controlar a intensidade da luz para dar forma e vida aos sonhos== e aos objetos.

Textura

As texturas referem-se à maneira pela qual estão arranjadas as partículas que compõem os materiais, afetando a aparência e a sensação que experimentamos. Quando bem trabalhadas, podem gerar ESTÍMULOS POSITIVOS, reduzir o estresse e promover sensações de segurança e bem-estar.

Tudo no mundo da produção em massa tem sido construído com linhas, círculos, curvas, retângulos e triângulos bem-acabados, em contraponto às formas e aos modelos na natureza, que é composta por formas e texturas irregulares, como o granulado, o enovelado, o craquelado, o delgado, o enrugado, etc.

Não é à toa que a indústria da construção civil esteja investindo em tecnologia, não apenas para se apropriar das referências da natureza com intuito da criação de objetos e revestimentos, como também para elaborar produtos que reproduzam a própria geometria fractal. Isso porque as TEXTURAS INSPIRADAS NA NATUREZA E NA MÃO DE OBRA ARTESANAL TÊM O PODER MÁGICO DE "ENCANTAR", como a terra, a areia, a pedra, o tijolo, a madeira, o concreto e a metamorfose da cor desgastada pelo tempo. Esses elementos chamam a atenção e DESPERTAM A SENSORIALIDADE, provocando sentimentos transcendentes que remetem ao mais sutil dos mundos. São materiais artísticos que ativam ideias e sensações, bem como o experimentar, o imaginar, o expressar-se, o olhar, o mexer, o fazer e o relacionar-se com o mundo.

As texturas naturais são espontâneas e facilmente coexistem com o restante ao seu redor. Elas não precisam de documentação de origem, assinatura, reafirmação de seu *status* nem validação do mercado cultural. Elas simplesmente são e, na sua presença, nos convidam a ser.

Esses materiais nos emocionam, na medida em que nos fazem resgatar os aspectos simbólicos da natureza que somos. Somos claro e escuro, sol e lua, aspereza e lisura. Os materiais naturais trazem de volta o equilíbrio à arte de viver, pois permitem que a visão penetre em sua superfície, trazendo cura aos nossos olhos ao nos convencer da sua veracidade para nos contar sobre a nossa própria origem e a história humana através dos tempos.

Ao entrarmos em contato com essa realidade mais flexível e natural, chegamos a um mundo mais orgânico e enriquecedor, em que o tempo já não nos foge.

Cor

Estamos acostumados a ver a cor de forma plana. Mas a cor, com suas características de tonalidade, brilho e intensidade, é outro caso. Ela é formada pela luz e se tornou um importante recurso no design de interiores em razão de seu alto poder de influência sobre a nossa percepção, constituindo-se em um rico material simbólico e representativo das nossas emoções. Entretanto, o erro mais comum no uso da cor nos ambientes é não respeitar a hierarquia das camadas que a antecedem, ou seja, ignorar o espaço, a luz e as texturas.

Vários autores já escreveram sobre as cores, e existem inúmeros estudos a seu respeito. As interpretações de significados associados a elas podem variar tanto na cultura universal quanto de pessoa para pessoa. Enquanto a luz é, de certa forma, uma experiência mais passiva, a cor por ela revelada pode ser vista como uma atitude mais ativa de interferir na decoração.

As cores variam de tonalidade entre o dia e a noite, ou seja, não são as mesmas sob o sol ou quando passa uma nuvem no céu. Elas mudam o tempo todo, variando de intensidade de acordo com nossas movimentações pela casa.

Quando experienciadas sensorialmente, funcionam como um filtro, uma forma de olhar o mundo através de cada cor. Elas nos personificam, estabelecendo uma conexão com aquilo que queremos que entre em nossa vida, tornando-se matéria-prima fundamental para uma decoração que busca a afetividade. Assim, a pintura não se resume a uma escolha de cor, mas a um ritual de preparo e receptividade para a mudança que ali ocorrerá.

Som

Toda escuta é uma resposta a uma busca e nos exige atenção. Escutar requer tempo, discernimento e aprofundamento. A escuta pode nos conectar com a consciência divina por meio dos sons da natureza, dos sons da intimidade, da presença das plantas, dos materiais que se dilatam e se retraem conforme a mudança da temperatura.

A experiência auditiva mais fundamental a ser criada na decoração da casa é ==A TRANQUILIDADE E O SILÊNCIO==. Ela foca nossa própria existência, permitindo que nos conectemos com nossa essência mais profunda, tornando-nos reflexivos de nossa solidão original.

Aroma

Quando a nossa casa nos fala, ela o faz usando citações – isto é, fazendo associações, despertando lembranças e fazendo referências a histórias que estão enraizadas em nós. É como ser remetido a alguma situação vivenciada e a tantas outras situações a partir dela. Pode vir do cheiro da cera, do couro que reveste uma poltrona, do aroma de café que aciona nossa memória gustativa, fazendo que brotem lembranças dos ângulos formados pelas paredes, pelo piso e pelo teto de um ambiente. Uma tradição silenciosa, passada de geração para geração.

A EXPERIÊNCIA NÃO É O QUE ACONTECE, MAS O QUE NOS ACONTECE

Essas experiências, aparentemente banais, representam a nossa necessidade criativa para transformar o invisível em visível, mostrando-nos que, enquanto a vida é empírica e por vezes parece desgovernada e sem controle, viver passa a ser um ciclo evolutivo que nos organiza de dentro para fora; é buscar conhecer o visível a partir do invisível, resultando em um processo de conhecimento e crescimento e um ganho da consciência em si.

> Se a experiência não é o que acontece, mas o que nos acontece, duas pessoas, ainda que enfrentem o mesmo acontecimento, não fazem a mesma experiência. O acontecimento é comum, mas a experiência é para cada qual sua, singular e de alguma maneira impossível de ser repetida
> (Bondía, 2002, p. 27).

Certa noite, fui recebido pela Doris e pelo Alcir, que formavam um casal cuja demanda principal vinha do desejo dela de presenteá-lo com uma adega. Alcir, por sua vez, estava tão ansioso com o presente que pouco lhe importava a decoração do restante da casa, contanto que ele estivesse acompanhado por seus charutos e vinhos.

É engraçado, pois, por mais que as pessoas estejam certas do que desejam, os ambientes – por meio de seus ritmos, suas rotinas e tudo o que está distribuído neles – dizem o contrário. Era o caso naquela noite, e minha intuição me deixou em estado de alerta. Embora aos poucos as ideias fossem convergindo para a criação de um espaço fechado, climatizado e exclusivamente destinado aos vinhos e aos charutos, algo dentro de mim sinalizava o contrário.

Nossa reunião ocorria próximo à hora do jantar, e, pouco a pouco, éramos interrompidos pelos filhos que saíam dos seus quartos ou chegavam da rua e passavam por mim seguindo para a sala de refeições. Como em um piscar de olhos, eu me vi cercado pelo pré-adolescente, pela garota vestibulanda e por um recém-advogado. Descobri que outros ali moravam. Era uma casa alegre e movimentada, e, diante de tantos encontros, entendi que se tratava de uma família grande. Sob o mesmo teto habitavam os filhos dele, os filhos dela e o filho deles.

Em poucos minutos, tudo o que havia sido conversado para o projeto da tal adega caiu por terra. Ao saber sobre os filhos e os fluxos naquela residência, percebi que aquele pai ficava pouquíssimo tempo em casa, logo não fazia o menor sentido, nas poucas horas de descanso, confiná-lo no ar-condicionado entre charutos e garrafas.

Aprofundando um pouco mais a conversa, descobri que o desejo por um espaço de adega que fosse privado era fruto das propagandas e do modismo que, com imagens, vendiam essa solução como a ideal.

Foi a partir desse encontro que emergiu um novo pensamento de projetar a casa. Tirei partido da criatividade, utilizando os móveis, as cores e as texturas para integrar seus moradores. Para aqueles que vestiam terno, escolhi tecidos listrados em tons de ocre que lembravam alfaiataria; para os românticos, tecidos florais com bordados suaves em tons de rosa; para os baladeiros, pequenos toques de prata envelhecida. Em relação aos móveis, adotou-se um mix de peças de design moderno, que já pertenciam ao acervo da família, integradas a itens novos e usados, comprados em lojas de modernariato, também conhecidos na decoração como peças vintage.

Em vez de se erguerem paredes e segregar os ambientes, as poucas paredes que havia ali foram demolidas, surgindo a ideia de uma adega integrada à área social, e aquele espaço inicialmente destinado a apenas uma pessoa tornou-se um ponto de encontro e celebração entre as diversas gerações que habitavam sob um mesmo teto.

Somente anos mais tarde relacionei esse estilo de decorar com as minhas vivências quando criança, em torno da mesa da cozinha da tia Etelvina, na qual as cadeiras se misturavam, diferentes umas das outras. Propor essa mesma organização foi uma proposta transgressora às regras da decoração que naquela época valorizavam a simetria e a rigidez das formas e dos volumes. Diante daquela família, descobri que as regras da decoração não faziam sentido, pois, em vez de integrar as gerações que ali habitavam, acabariam por segregá-las.

CAPÍTULO 7.
A CRIATIVIDADE E A RECIPROCIDADE

> O trabalho criativo exige uma identificação corporal e mental, empatia e compaixão.
>
> Juhani Pallasmaa, *Os olhos da pele: a arquitetura e os sentidos*

A criatividade sempre me fascinou, afinal, como é que do nada uma ideia pode nos saltar do inconsciente em determinado momento? Por quê, ao decorarmos nossa casa, podemos sentir tanto prazer com as ideias que nos surgem? Por exemplo, o entusiasmo que experimentamos quando as paredes são cobertas por cores, quando as luzes se acendem, quando sentimos odores, quando nos reconhecemos diante de uma obra de arte e decidimos levá-la para casa, quando passamos a tarde inteira lixando um móvel velho para ressignificá-lo. Porém, antes de mergulharmos na criatividade, é necessário explorar o contexto em que ela está inserida.

Idolatrada por muitos, altamente valorizada no mercado de trabalho e, ao mesmo tempo, misteriosa para a grande maioria por causa de seu caráter extremamente prático que a todo momento nos convoca para a ação, A CRIATIVIDADE É UMA REAÇÃO EMOCIONAL À REALIDADE, sempre se manifestando em direção a uma construção estética, orgânica e harmoniosa. Se no passado foi restringida aos temas que tratavam das manifestações artísticas, no mundo digital ela se tornou uma poderosa ferramenta relacionada à adaptação e à sobrevivência da espécie. E, para entendermos sua importância na construção da casa como reflexo de uma nova realidade, precisaremos, antes de tudo, olhar para a realidade.

Estamos vivendo o fim de uma época, e a nova era ainda está em formação. Tudo à nossa volta é prova disso: a aceleração do tempo pela tecnologia, a extinção de muitas profissões, o aflorar de novas possibilidade até então nunca imaginadas, as mudanças em quase todos os aspectos da vida. Além de tudo isso, os problemas ambientais e a violência, que alcançam patamares cada vez mais desafiadores. Há de haver coragem para viver nesse mundo (May, 1982).

Diante dessa realidade, nós podemos escolher nos abstrair em fuga, mergulhados em nossos celulares, apáticos, "empurrando com a barriga" a oportunidade de participar da formação de um novo mundo, mais justo, sustentável e seguro. Ou será que devemos lançar mão de toda a coragem necessária para preservar nossos sentimentos, nossa consciência e nossa responsabilidade, fazendo mudanças ao nosso redor, em busca de uma nova realidade?

Quero acreditar que, nesse cenário de mudanças profundas, estamos sendo convidados a realizar algo, a penetrar em um mundo novo, ainda sem fórmulas, municiados apenas pelo que somos, e, para que essa mudança ocorra com sucesso, uma coisa se faz necessária: reconhecer o imenso e potente mistério do amor.

O amor gera uma energia criativa benigna, resultando em grandes benefícios para nossa saúde mental e nosso bem-estar. Quando essa necessidade é pervertida ou frustrada, surgem as dificuldades em nossa vida emocional.

Para combater essas dificuldades emocionais e fortalecermos nossa essência, precisaremos aprender a expressar nossas ideias originais criativamente, dando ouvidos ao nosso designer interior, caso contrário mais uma vez trairemos a nós mesmos por não contribuir para os aspectos da natureza que nos habitam.

Isso significará darmos um salto para o desconhecido, exigindo-nos muita coragem, principalmente a coragem de exercitar nossa capacidade de seguir em frente, apesar do medo.

A DIMENSÃO DAS COISAS CRIADAS

A principal ferramenta dessa coragem, quando associada ao amor, é a criatividade, que nasce do nosso interior, proveniente de um desejo de busca por significado pela vida. Quando nos abrimos para histórias que sejam alicerçadas por estados positivos de consciência, é natural que novas simbologias se tornem conscientes em nós, e será dessa atenção aos nossos sentimentos que o campo do amor se manifestará.

Nesse contexto, faz sentido dizer que a decoração da casa não deve ser almejada como um objetivo a ser alcançado, pois nesse caso, ao chegar ao final, a casa tenderia a se tornar estática e predestinada a ficar parada em seu tempo. A busca dessa construção pela identidade estética deve partir do princípio de que, assim como a vida, a casa é dinâmica e deverá ser pensada para se adequar a cada vivência ao longo da vida, sendo nutrida por nosso investimento emocional, visto que buscamos, por meio do design de interiores, construir conhecimento para dar vazão às nossas satisfações e aos desejos por prazer, conforto, segurança e autoconhecimento.

No campo da experiência, ==a criatividade forma uma tríade com os sentidos e os símbolos==, e os três juntos, por uma regra básica da geometria espacial, definirão um plano de atuação. Esse plano trabalhará transformando em realidade nossas subjetividades, de início na mente (na qual as imagens e ideias que surgem poderão ser questionadas, amadurecidas e lapidadas), para, em um momento seguinte, tornarem-se factíveis e reais.

Todos nós costumamos ser muitas coisas ao longo do tempo, construindo uma diversidade interna. Nesse contexto, a casa, ao lidar com a dimensão do tempo, chama a atenção para a impermanência do nosso ser frente à dimensão do espaço, que guarda a função de dar limite e nos conter. O que os une é a criatividade, que integra a ambos para se manifestar no tempo presente.

Na casa, as ==DIMENSÕES DO ESPAÇO== podem ser comprimento, largura e altura – ou, quem sabe, comprimento, largura, altura, espessura e circunferência.

Já a ==DIMENSÃO DO TEMPO== se desenvolveu de maneira linear, envolvendo-nos em um processo de fazer sem limites, de busca pela produtividade a qualquer preço, deixando que tudo ao nosso redor vá ficando perdido, solto e sem sentido. Nessa dimensão, embora as horas sirvam para nos indicar inícios, intervalos e términos, não existem conclusões nem fechamentos, pois mal terminamos uma tarefa e já estamos envolvidos em outra, faltando-nos a conexão com o prazer e o amor frente às nossas ações. Na decoração, a dimensão do tempo atua supervalorizando as regras, as normas, os códigos e as técnicas, porém, como vimos, esses fatores não dão vazão aos nossos aspectos emocionais. Nessa casa feita pelas rígidas regras do tempo, dispersamo-nos de quem somos e até podemos adoecer.

Mas na casa há também outra dimensão a ser explorada, a ==DIMENSÃO DAS COISAS CRIADAS==, a dimensão da vibração, na qual nada se encontra parado e tudo se movimenta, vibra e se manifesta em ciclos: entre o dia e a noite, nas fases da lua, nas mudanças que ocorrem entre as estações do ano e nos encontros que ocorrem entre o nascer e o morrer. Essa é uma dimensão mais rica a ser explorada, na medida em que não dá ênfase aos acontecimentos que vêm do mundo externo a nós, permitindo-nos viver as nuances de quem somos por meio de nosso corpo e na presença da nossa casa.

A dimensão das coisas criadas envolve ==nossa interação criativa com a casa==, conectando-nos com os ambientes em um nível profundo e significativo. De início, essa dimensão pode parecer estranha e incompreensível, uma vez que não estamos acostumados a nos relacionar com o nosso lado sutil. Ela está relacionada com a imaginação, com sentimentos e com acontecimentos afetivos que nos elevam. Em razão disso, tem uma força própria que age a partir do nosso interior, manifestando-se de maneira cíclica tendo nosso corpo como centro. Por meio dela, nosso movimento no espaço torna-se amplo e mais consciente.

Na dimensão do tempo vivemos entre o passado e o futuro, como espectadores. Na dimensão das coisas criadas, como o próprio nome já diz, somos criadores em tempo presente, e os movimentos partem do eixo do nosso corpo. O à frente e o atrás; o à direita e o à esquerda; o abaixo, que nos interioriza, e o acima, que nos convida a expandir e a transcender. Lembrando que, a qualquer momento, podemos nos virar e voltar a um ponto arbitrário, mudando as definições de à frente e atrás, à direita e à esquerda, abaixo e acima.

Nessa dimensão existem começo, fim e recomeço.

Nós vivemos em função dos rituais e seus ciclos: há fases em que não conseguimos ver nada fora do lugar, assim como existem fases nas quais queremos saber de nada. Há fases nas quais ativamos nossa capacidade de decorar a casa, ler seus símbolos e organizá-la, e há momentos em que não queremos nada disso. Na dimensão das coisas criadas, aceitam-se e se equilibram essas experiências totalmente paradoxais, mas que fazem parte de uma mesma vida. Há conclusões, ou seja, aquilo que não deu para fazer dessa vez pode ser feito mais adiante. É possível planejar, sonhar e imaginar, e nada precisa ser finalizado antes de ser aperfeiçoado ou mesmo transformado, pois existe um fio condutor a nosso favor e que nos permite aprender com as falhas, utilizando as experiências para nos tornarmos mais fortes, sábios e experientes.

DECORAÇÃO PERIFÉRICA E DECORAÇÃO INTERIORIZADA

Na dimensão das coisas criadas, existem dois níveis de decoração: uma, que chamo de periférica, e outra, que denomino interiorizada. A decoração periférica, como o nome sugere, é mais superficial. Sofre grande influência do tempo e surge da nossa consciência intelectual, como fruto da necessidade por nos diferenciarmos e sermos notados. É um tipo de decoração que, apesar do nome, não é necessariamente vivenciada como negativa. Pelo contrário: é frequentemente prazeroso criar sob sua influência. Na maioria dos casos, ela está relacionada ao primeiro contato que temos com a decoração, quando decidimos sair em busca das informações que estão disponíveis no mercado sobre o que significa uma casa decorada.

Seu aspecto negativo é o fato de trabalhar na linha do tempo, considerando início, meio e fim. Espera por reconhecimento e apoio dos outros e, portanto, alimenta-se do medo de não os receber. Por necessitar de gratificação imediata, pode ser caprichosa e ditatorial, levando em consideração apenas o aspecto estético-visual, e não os processos e envolvimentos oriundos da essência de quem a cria.

Como em tudo que é superficial, seus símbolos tendem a se tornar fracos, não gerando energia suficiente para nos nutrir emocionalmente. A solução para aqueles que se veem em meio a esse processo é o discernimento. Para descobrirmos qual caminho seguir, será preciso ter uma atitude honesta e atenta, além de um cuidadoso raciocínio. Simplesmente, olhar para os motivos pelos quais decidimos decorar e ver se a principal força propulsora em nós é o genuíno amor.

Aqueles que se descobrem sob a força propulsora do amor e resolvem seguir nesse processo de autoconhecimento, em um determinado momento, permeados por descobertas, aprendizados e *insights*, notarão a persona do designer que habita em nós, que se manifestará os estimulando a trabalhar as próprias ideias, significando que a decoração periférica passou a se retroalimentar pelo amor, pelas histórias e por seus símbolos, levando a caminhos para uma decoração mais interiorizada.

Quando interiorizada, a decoração torna-se mais afetiva e perene, e menos distorcida pela influência externa. Assim, ela permite que nos identifiquemos com as novidades tecnológicas, as tendências, os modismos e as soluções que o mercado nos apresenta sem que sejamos subjugados pelo desejo do consumo. Tudo passa a ser informação, e não obrigação. Por nem sempre depender de respostas que venham do ambiente externo e não se apoiar no reconhecimento de outras pessoas, esse tipo de decoração é desafiante e autogerador, pois, embora exista a presença do medo, da insegurança e da ambiguidade, que a todo momento tentam nos colocar limites frente às informações novas que surgem, a criatividade vem do nosso interior como um ato de coragem, tirando-nos da inércia e nos levando à ação.

É um tipo de decoração que tende a nos libertar, pois cada escolha nos direciona a um caminho novo que envolve e colabora com os próximos passos do projeto, estendendo-se corajosamente para o encontro surpreendente que o desconhecido nos traz.

É valioso reconhecer que os dois modelos – o periférico e o interiorizado – coexistem em nós, alternadamente, em diferentes proporções. Além disso, para alguns, o simples fato de aprender a decorar, mesmo que superficialmente em um primeiro momento, pode ser uma preciosa conquista. O engano será estagnar nesse modo de criar a decoração.

Entretanto, seria um erro enorme estabelecer uma dualidade entre uma forma de criar a decoração e a outra. Primeiro, porque no mundo digital nenhuma maneira de pensar ou trabalhar pode ser fechada e conclusiva. Estamos em tempos nos quais tudo passou a ser questionável, reflexivo, mutável e infinito, e não é possível restringir a criatividade e a decoração a apenas duas formas. Mesmo a decoração periférica não pode ser interpretada como oposta à interiorizada, pois, ao nos entendermos como seres reflexivos, por vezes vivemos a decoração periférica – ou seja, a superficial – como etapa de um desenvolvimento maior, para então tomar a consciência e migrar para outra forma de pensá-la.

Desse modo, é mais realístico e "pé no chão" ==olhar para a decoração superficial como a criatividade em processo de expansão== e refinamento de si mesma; perceber como ela pode ser, algumas vezes, extraordinariamente bonita, evocando deslumbrantes fogos de artifício de emoção dentro de nós. Como é o caso de quando visitamos mostras de decoração, lojas, blogs e exposições, ou mesmo quando visitamos a casa dos outros. Como uma *matrix*, mergulhamos em um oceano de beleza visual, em que buscamos referências e emoções para analisar e amadurecer suas possibilidades até cairmos em nossa própria realidade e praticarmos uma decoração mais centrada naquilo que somos, absorvendo e adequando as ideias e os *insights* gerados por cada mergulho.

Criar o mundo é também criar-se e recriar-se continuamente

Em suas manifestações, a decoração, quando interiorizada, torna-se o alicerce que suporta e torna reais todas as outras virtudes e todos os valores do design de interiores, pois olha ao mesmo tempo para a integralidade do ambiente, para o objeto criado e o seu criador.

Nesse exercício da criatividade, entramos em contato com uma inteligência estética que nos ajuda a olhar o passado revisitando nossas histórias, para a partir de então criar um futuro preenchido de coragem. A coragem de sermos nós mesmos, ressignificando nossos valores, nossas crenças e nosso propósito com atenção ao tempo presente.

> A palavra coragem tem a mesma raiz que a palavra francesa *cœur*, que significa coração. Assim como o coração irriga braços, pernas e cérebro fazendo funcionar todos os outros órgãos, a coragem torna possíveis todas as virtudes psicológicas. Sem ela os outros valores fenecem, transformando-se em arremedo de virtude (May, 1982, p. 62).

Para isso, precisaremos de um novo tipo de coragem, que expresse nossas escolhas com base não em símbolos de violência, inveja, competição e poder, mas de abundância, liberdade, harmonia, diversão, surpresa, transcendência, celebração e renovação (Lee, 2021). Uma coragem em que o uso do corpo seja sinônimo de cultivo da sensibilidade, desenvolvendo a capacidade de utilizarmos os sentidos de maneira integrada, para deixar de criar ambientes munidos de sedução visual e passarmos a projetar significados do que nos é essencial, como os afetos.

Para que o design de interiores tenha um papel de cura em nossa vida, será preciso conscientizar-se de que cada escolha que fizermos para a decoração da casa vibrará a simbologia daquilo que somos e em que acreditamos. Para tal, precisaremos reaprender a explorar essa intimidade sensorial com base em novas fronteiras cognitivas, a serem experimentadas pelo viés da criatividade e da reciprocidade afetiva.

Afetividade e criatividade trabalharão juntas, deixando vir à tona aprendizados que por vezes os sentidos por si só não podem alcançar, corrigindo-os, melhorando-os e adaptando-os, ==TRANSFORMANDO OS ERROS EM ACERTOS, FILTRANDO AS ILUSÕES==, ensinando-nos a proceder com mais cuidado para alcançar realidades mais sólidas, que nos estruturem e nos expandam.

==**À medida que desenvolvemos nossas habilidades criativas, também estamos nos desenvolvendo como indivíduos**==. Cada novo *insight*, cada criação, cada novo projeto nos quais nos envolvemos nos permitem explorar diferentes aspectos, trazendo à luz habilidades e limitações que nos ensinam com nossos erros e sucessos. Por meio desse processo de criação, também somos capazes de nos recriarmos, transformando-nos em versões melhores e mais completas de nós mesmos.

Mas de onde surge essa tal criatividade?

Segundo o pediatra e psicanalista Donald Woods Winnicott (2005), quando nascemos e ainda bebês, nossa compreensão do mundo não vai além da relação com a nossa mãe, com quem havia nove meses já nos relacionávamos integralmente, dentro de uma zona de conforto e dependência total. Assim que nascemos, logo nas primeiras fases do desenvolvimento, sentimos a face da nossa mãe como uma projeção da nossa própria face. Com essa identificação, nosso corpo se organiza em relação a como a nossa mãe nos percebe, estabelecendo-se uma experiência afetivo-existencial entre a mãe e o bebê.

A partir dessa simbiose, em que mãe e bebê são unos em estado de amor, nosso primeiro ato criativo passa a ser simbolizado pela mama materna, que surge à nossa frente pela experiência daquilo que nos é ofertado. Paradoxalmente, cria-se em nós a ilusão de que esse peito faz parte de nós, em uma experiência que une ficção, ilusão, construção e realidade, de modo que, a partir de então, passamos a evoluir e nos tornar aquilo que criamos. Para aqueles que não conheceram suas mães biológicas ou mesmo não tiveram a mama como primeira imagem de criação, nosso organismo é generoso e transfere a figura da mãe para uma outra figura de poder que atue em seu lugar, assim como o peito é substituído por um objeto de transferência.

Conforme vamos nos desenvolvendo, surge a percepção de um mundo que evolui e se amplia à nossa volta. Entre tantas novas descobertas que se instalam, naturalmente vamos nos desidentificando da simbiose com a nossa mãe, passando a percebê-la externamente, assumindo o papel do outro. Entre essa ruptura gerada pela desilusão da separação e o "suposto" distanciamento da união entre mãe e bebê, forma-se um espaço psíquico chamado de espaço potencial, também conhecido por nós como ==CAMPO DA CRIATIVIDADE==, o qual passará a ser preenchido por todas as experiências vivenciadas e "criadas" por nós.

Será por meio dessa tríade (mãe, bebê e espaço criativo) que a mãe passará a representar a realidade externa na figura do outro, fazendo que aflorem noções de interioridade em nós. A partir de então, a fim de que possamos tolerar a frustração gerada por essa ausência gradativa, caminharemos em busca de um sentido de vida, preenchendo esse campo da criatividade – em um primeiro momento, por meio do afeto aos objetos, denominados por Winnicott como objetos de transferência que nos serão ofertados (por exemplo, a chupeta, o paninho, os brinquedos) e que, mais tarde, cederão lugar à própria construção cultural de cada um.

Ou seja, a ausência da nossa mãe passará a ser sentida por meio da presença desses objetos de transferência, utilizados para gerar sentido e apaziguar o distanciamento, dando início ao nosso potencial criativo e imaginativo. Nessa fase, começamos a "criar" os objetos que surgem ao nosso redor. O processo de descoberta é por vezes confuso, mas de total liberdade criativa e repleto de experiências que alimentam nosso crescimento e nossa capacidade de "brincar" com os símbolos, dando-nos o entendimento de que, apesar de ausente, nossa mãe está viva. Conforme vamos crescendo e interagindo com a casa, essa se transforma em campo de "eterna representação uterina da mãe".

Conforme amadurecermos, os objetos de transferência (mamadeira, paninho, brinquedos) vão sendo substituídos pelo brincar, na relação do habitar e da própria concepção da casa como lugar de origem, e, mais adiante, pela nossa vivência cultural, que vamos desenvolvendo na busca por criarmos a nossa identidade.

A nossa existência, então, compõe-se a partir das experiências estéticas e dos objetos que resultam delas, e assim vamos nos construindo e constituindo o nosso mundo em meio a esse conjunto de experiências que se cruzam, entremeando e tecendo a vida. É esse encadeamento criativo que dá sentido à nossa busca por continuidade.

O VIÉS DA CRIATIVIDADE, ENTRE O REAL E O IMAGINÁRIO

Assim, a relação com a casa passa a guardar a representação da herança mais primitiva que habita o ser humano, *o continuum* da relação mãe-bebê. Essa experiência infantil corrobora o pensamento de que precisamos resgatar nossa criança interior. Essa noção é saudável e produtiva, pois nos liberta daquilo que é artificial, para valorizarmos nosso instinto natural, nosso lado lúdico, espontâneo e criativo, ou seja, nossa verdade essencial, quem realmente somos (Gombrich, 2012).

Decorar pode, então, significar brincar? Eis que surge um novo paradigma a ser experienciado pelo viés da criatividade.

A partir de então, faz todo o sentido utilizar o design de interiores para buscar uma reconstrução simbólica da nossa identidade, em que poderemos escolher em qual parte e com qual intensidade entre o real e o imaginário queremos estar na vida.

Como diz a socióloga Marion Segaud (2016) no livro *Antropologia do espaço*, **AS FORMAS TAMBÉM FORMAM**. Isso significa que há um campo simbólico nessa construção de nós mesmos, que já nasce conosco a partir do primeiro contato com a natureza e é capaz de despertar nosso lado sensorial, mapeando nosso mundo, aprimorando, evoluindo, ganhando vozes e espaços.

Gosto de pensar que o design de interiores vem para, por meio das nossas histórias, viabilizar novas formas, novas simbologias e novos padrões que surgem dessa experiência, pois a todo momento, por meio das nossas escolhas, ele interage, questionando-nos, mediando, articulando e integrando o que somos com o lugar onde queremos morar.

Ao nos permitirmos ser criativos, estamos nos abrindo para o novo. Para que essa experiência se instale, viver um certo risco será inevitável, pois é impossível sabermos, logo no início desse processo, como despertaremos o afeto pela nossa casa. Será preciso ter disposição para nos aventurarmos, saindo da zona de conforto, arriscando-nos a experimentar novas ideias, novos caminhos, novas possibilidades.

Antes de qualquer técnica, os processos de dar forma, fazer e construir habitam nossa mente, mesmo quando não temos consciência deles. A criatividade nos permitirá enfrentar o medo do desconhecido e confiar em nossa intuição, na capacidade de estabelecer algo novo e único.

CAPÍTULO 8.
A ÉTICA E A ESTÉTICA

Casa e lar são termos bem diferentes que determinam o mesmo lugar. Trata-se de um processo de transformação do primeiro termo no segundo por meio de múltiplos elementos ao mesmo tempo culturais e antropológicos. Podemos entender essa passagem para o nível da vida cotidiana observando a significação e a localização dos objetos e móveis no cômodo, ou acompanhando as mais simples atividades domésticas, como o preparo e o consumo de alimentos ou a maneira de cuidar das roupas ou da arrumação. Devemos começar questionando em qual momento ou o porquê da aparição de cada objeto em nossa vida.

Marion Segaud, *Antropologia do espaço: habitar, fundar, distribuir, transformar*

Em nossa casa, as formas e a aparência da decoração devem refletir nossos valores, e a beleza, por meio da ornamentação dos ambientes, é a responsável por acessarmos o prazer dos sentidos, o magnetismo dos símbolos, a criatividade em ação e, consequentemente, o contato com a alma.

Mas o equívoco é que essa decoração não foi criada com o fim de que a encontremos bela. As formas dos objetos e sua disposição em um ambiente não são, por si só, uma finalidade; será a vivência por meio deles que permitirá que os chamemos de belos. Para que isso aconteça, os objetos devem ter em si qualidades simbólicas capazes de nos provocarem essa experiência.

> A beleza não está nas coisas, está no homem. É ele que empresta às coisas o belo. E, como a natureza humana é mais ou menos homogênea em todos os homens, estes podem sentir igualmente a beleza quando a imaginação se harmoniza com o entendimento. Então chamamos esse objeto, que consegue provocar tal estado, de belo (Santos, 2018, p. 265).

O que nos une à experiência é a emoção com que somos afetados ao experienciar. A cada nova vivência surge um aprendizado, o qual se funde às experiências anteriores, dando-nos a oportunidade de transformar e ressignificar nossa história a todo momento. Juntas, todas representam uma nova realidade, que passa a ser vista a partir de uma ordem – ==ética em seu modo de conduzir e estética em seu estilo de fazer== –, compondo um saber que nos permite fazer escolhas mais bem alicerçadas. Embora ambas sejam vividas cronologicamente juntas, elas não se expressam ordenadamente, mas em um agir de forma espontânea a partir da força da nossa paixão pelos símbolos que as impulsionam.

Portanto, torna-se fundamental compreender a origem (ética) das nossas referências e a influência (estética) desses símbolos que temos carregado ao longo da nossa história, pois, em geral, de um modo inconsciente e com frequência, nós os temos usado de maneiras não construtivas e até perniciosas e, para que haja uma ressignificação da vida por meio da casa, precisaremos aprender sobre novas simbologias.

No design de interiores, os símbolos devem ser pensados para conectar a ética com a natureza buscando uma qualidade sustentável, com nossa essência estética baseada em nossos vínculos afetivos. Esse é o papel da criatividade, não só como forma de manifestação estética mas também como uma proposta para um novo desenvolvimento ético em torno do design de interiores.

OS SÍMBOLOS POSSUEM VALOR DE INTEGRAÇÃO EM SI MESMOS

A função dos símbolos é atrair energias psicológicas, armazená-las e transformá-las, para depois serem utilizadas para diversos fins. Sobretudo no caso da decoração, eles devem ser buscados com o intuito de integrar a casa e a natureza com a nossa mente, de forma consciente e inconsciente.

Se, por exemplo, decorarmos a casa com as forças da inveja, do poder, da competição e da ostentação, o que ocorrerá, pela analogia simbólica, é que a casa ficará reverberando esse tipo de energia, podendo desestabilizar emocionalmente seus moradores. O contrário também é verdadeiro: símbolos de harmonia atraem mais harmonia, e assim por diante.

Agindo diretamente sobre nosso inconsciente, os símbolos desencadeiam processos psicológicos que trazem à tona nossos afetos, histórias, lembranças e emoções, possibilitando que sejam transformados em matéria-prima do design de interiores.

É muito comum, ao visitarmos uma feira de antiguidades, encontrarmos peças que nos remetam à nossa infância, fazendo-nos recordar uma série de acontecimentos que até então estavam guardados ou mesmo esquecidos. Mas esse reconhecimento não se restringe aos objetos antigos. Pelas leis da Gestalt, todos nós somos providos de um sistema de leitura visual capaz de reconhecer formas e volumes por semelhança, proximidade, continuidade e unidade, entre outros fatores, podendo associá-los a uma série de conteúdos simbólicos que já se encontram guardados em nós.

Segundo a designer e pesquisadora Ingrid Fetell Lee (2021), a neurociência, ao estudar essa sensação prazerosa do "a-ha!" que temos quando nos deparamos com algo que nos surpreende, sugere que os processos cerebrais para identificar os objetos podem estar intrinsecamente ligados aos mecanismos de recompensa do sistema límbico. A relação de êxtase frente à ==experiência estética torna-se uma recompensa== para o cérebro.

Quando esses estímulos são associados a um valor estético elevado (afeto), seus efeitos se multiplicam, gerando uma poderosa e penetrante influência cuja força curativa pode afetar as profundezas do nosso ser.

Deve-se a esse fenômeno a importância de relacionarmos os símbolos com a nossa realidade interior, ou seja, a partir do momento em que mergulharmos no mundo da decoração, entendendo as benesses de viver em ambientes harmonizados, caberá a cada um de nós nos questionarmos sobre quais símbolos nos despertam prosperidade, harmonia, calma e prazer, para transformá-los em realidade estética.

Nós somos seres contadores de histórias, e a boa notícia é que, se não gostarmos das histórias que temos contado sobre nós, por sermos seus autores, poderemos recriá-las. E o único jeito de fazê-lo é mudando o que acreditamos sobre nós, ressignificando nossa relação simbólica com os objetos em nosso entorno.

ANTES DE HAVER ESTÉTICA, HÁ DE HAVER A ÉTICA

Assim como somos contadores de histórias, somos seres sociais e não podemos viver isolados dos nossos semelhantes, pois viver não é só feito de experiências. Então, viver sob a ética também passa pelo apoio mútuo, antes de tudo por uma questão biológica, e por que não estender a uma necessidade ecológica? Ambas estão relacionas ao princípio de sobrevivência da espécie, entendendo o planeta Terra como um sistema complexo de coevolução, com enorme potencial para alterar de forma significativa nossa perspectiva e nossas atitudes éticas e estéticas (Andrade; Pasini, 2022).

A maior parte das decisões do nosso cotidiano tem implicações éticas ou particularmente morais. Entender ética tomando como princípio relações estruturadas por uma forma de pensar ecocêntrica, interagindo por meio da cooperação e do amor, pode nos parecer uma ideia exigente demais com relação ao vício pela competição para o qual fomos treinados. O pensamento ecocêntrico nos convida a praticar uma ética consciente, com um pé no futuro, o que nos sugere, em um primeiro momento, pensar de uma forma menos idealizada ("apaixonada") e mais responsável ("amorosa") acerca do que criamos a partir do momento em que passamos a nos questionar sobre ==por que decoramos e as eventuais consequências== que as nossas criações podem ter.

Contemporaneamente, a estética tem ressurgido como uma fabulação da imaginação, criação que não se limita à arte, mas materializa estilos, inclusive estilos de vida, em que a escolha se dá pela experimentação, tanto na ausência de estilos como na multiplicidade deles. A estética ressurge como uma relação na qual o homem prova o mundo e o aprova e/ou reprova em partes ou totalmente, possibilitando novos caminhos criativos.

ESTÉTICA, UM ACONTECIMENTO QUE NOS MOVE E NOS ENVOLVE

O poder da estética pelo viés da beleza reside no fato de falar diretamente com nosso inconsciente, despertando em nós a transcendência e, com ela, nossas qualidades espirituais, contribuindo para a mudança das nossas atitudes e do nosso comportamento.

Na história da decoração, tornou-se um objetivo estético o desejo de disciplinar a natureza criando ambientes a serviço exclusivamente dos humanos, a exemplo de uma pintura ou escultura que muitas vezes, em um primeiro momento, são voltadas somente para a forma, dissociadas de uma função ou um propósito, constituindo um cenário intocável composto por objetos que não permitem o envolvimento sobre o ambiente.

Dá-se por esse equívoco a necessidade urgente de repensar a ética a partir do poder que a estética exerce sobre cada um de nós. Assim, a ==ÉTICA NO DESIGN DE INTERIORES== deverá levar em consideração dois fatores principais: a ==ECOLOGIA== e a ==CULTURA==, bem como seus potenciais impactos, utilizando-se de todos os recursos disponíveis e da liberdade criativa como instrumento de beleza para transformar os ambientes em objeto de valorização e admiração, despertando nossa origem como natureza ao mesmo tempo que considere uma relação de maior equilíbrio com o ecossistema.

FALAR SOBRE A BELEZA É UMA TAREFA PROPULSORA E RELEVANTE

Quando o encontro com a beleza de fato ocorre, ninguém sabe exatamente o que aconteceu, e poucos conseguem expressá-lo em palavras.

É por isso que penso que falar sobre a beleza é uma tarefa vitalmente propulsora e diretamente relevante para as nossas possibilidades de sobrevivência, pois por meio dela é que pode surgir o impulso para manter um estado de ordem e equilíbrio ético e estético, cada vez mais essencial para a saúde mental e, consequentemente, do planeta.

O primeiro efeito que devemos considerar quando em contato com a beleza é a sua influência regeneradora e curativa. Todos sabemos, por experiência própria (apesar de podermos nos esquecer desse fato), quanto uma paisagem natural pode ser suavizadora para o olhar, que certa música nos eleva, que uma peça, poema ou pintura pode exercer um efeito animador sobre nós (Ferrucci, 2001).

Não precisamos pesquisar para saber que a magnificência de uma roseácea de catedral, uma flor plenamente desabrochada ou uma arquitetura antiga não nos deixa impassíveis. No momento em que nos deixamos tocar pela beleza, aquela parte em nós que está seriamente machucada ou mesmo despedaçada pelos eventos da vida pode começar a se revitalizar.

E, quando nos dedicamos a perceber a beleza, tornamo-nos mais do que somos, e esse deve ser o **vórtice norteador de um projeto de interiores**: proporcionar, por meio da beleza e da harmonia, ambientes que gerem saúde psicológica, elaborando espaços pensados para se tornarem um escudo contra as pressões que a vida inevitavelmente nos traz.

Isso, porém, não é tudo, pois todos os estímulos – belos ou feios – mergulham no inconsciente, no qual sua influência se torna menos imediata, porém mais poderosa e penetrante, transformando-se em linguagem simbólica.

Boa parte do nosso inconsciente já se encontra impresso como uma fotografia, pelos inúmeros estímulos que nos bombardeiam através dos anos, mas a boa nova é que uma outra parte está virgem e disponível para novas impressões, e, assim que essa parte é atingida por um novo estímulo, leva-o mais a sério do que a nossa distraída mente superficial geralmente faz. O inconsciente recebe esse novo estímulo e o combina com outros estímulos preexistentes, assimilando e elaborando seu conteúdo psicológico, fazendo surgir novas conexões simbólicas capazes de se impor e se integrar com as que estão armazenadas.

Assim, buscar a beleza é uma responsabilidade de cada um de nós, pois ela guarda em si a promessa de um futuro, e, mesmo sabendo que nenhum objeto pode trazer gratificação permanente, a beleza frequentemente tem o poder de nos instigar a sair do asfixiante mundo das preocupações em direção à vitalidade e à harmonia.

Ela tem a capacidade de nos retirar da nossa esfera individual, facilitando o contato com algo que é maior e universal, pois seu aspecto transcendente está intimamente ligado ao seu poder revelador. Por meio dela, revelam-se mundos desconhecidos e possibilidades que poderiam escapar a uma inteligência puramente racional e concreta.

Mas, como tudo, a beleza tem mais algumas particularidades, pois a dificuldade que alguns têm de apreciá-la não se pode reduzir à impaciência ou à incapacidade de assimilá-la. Mais uma vez, aqui nos colocamos diante do medo, nosso fiel sabotador, o qual faz que não nos sintamos merecedores da graça que a beleza pode nos ser. Pois, ao nos sentirmos feios por dentro, tememos experimentar a dolorosa discrepância entre nós e a beleza. Ou, então, só nos permitimos sentir a beleza por alguém a quem amamos; contatá-la quando estamos a sós evoca um pungente sentimento de rejeição.

Todos nós, contudo, temos alguma vivência do belo e podemos desenvolver nossa habilidade de entrar em contato com a dimensão estética. Alguns podem estar se perguntando: como podemos ampliar nossa aptidão na arte de apreciar beleza? Simplesmente e tão somente aprendendo a estar disponível para ela, pois qualquer imagem poderá nos falar se deixarmos que ela o faça. No entanto, será preciso uma atitude aberta para calmamente dedicarmos um tempo para desfrutá-la.

O design de interiores nos permite assumir uma posição mais ativa e intencional na busca pela beleza quando nos dispomos a criar uma história simbólica. Deparamo-nos com ela quando menos imaginamos: em uma cadeira e seu belo pé, que desperta nossa imaginação, remetendo-nos a formas registradas em nossa infância, em uma parede recoberta por cores e texturas que nos passa a sensação de já ter sido vista antes, ou mesmo em um utilitário. Cada item da casa pode nos despertar essa beleza, pois, como sabemos, ela está em qualquer lugar, inclusive em coisas aparentemente feias, distorcidas e desfiguradas, visto que qualquer sentimento de beleza que leve em consideração a feiura arrisca-se a se tornar sentimental.

Por meio das experiências, também poderemos notar a beleza além da concretude da forma, no subjetivo, apreciando as atitudes nas pessoas, assim como por nossas próprias histórias, quando algo tem a capacidade de nos regenerar e nos levar adiante em nosso crescimento, estimulando nossa capacidade de apreciação.

Ao nos abrirmos para interagir com o mundo e com as pessoas ao nosso redor buscando uma construção simbólica, estamos criando nossa própria identidade estética, e assim ==a beleza passa a representar a qualidade e as escolhas que fazemos== a cada encontro. Ao tomarmos essa consciência, passamos a nos expressar com maior segurança e força emocional, tanto na casa como em tudo à nossa volta.

Buscamos formas doces e suaves para narrar nossas histórias de vida, embora essas sejam feitas de resistência e luta. A partir da consciência sobre esse cuidado e essa doçura, tornamo-nos disponíveis para a transformação. É possível dizer que essa disponibilidade nos permite superar obstáculos e alcançar objetivos com mais facilidade. Nesse sentido, o design de interiores pode fazer do espaço uma oportunidade de aprendizado que abrange o conhecer, o fazer, o conviver e o ser.

A seguir, vamos adentrar nos domínios da alma, o elo entre a casa e o mundo por meio do nosso fazer, que se constitui a partir de uma ética inclusiva que caminha ao lado de uma estética afetiva.

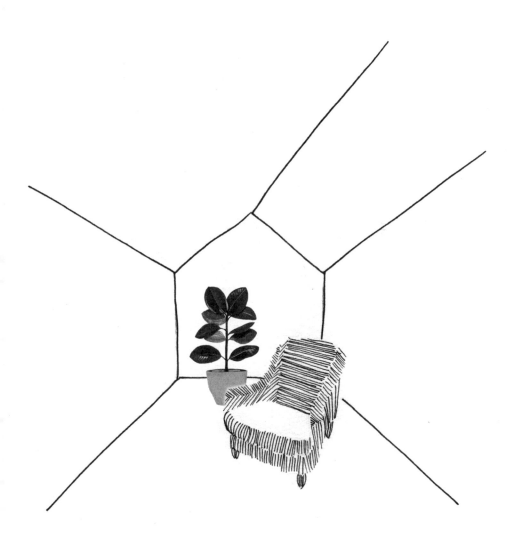

PARTE III.

A ALMA

Como gás, a alma tende a ocupar a totalidade do espaço que lhe é concedido. A graça preenche, mas ela não pode entrar senão onde existe um vazio para receber, e é ela que constrói esse vazio.

Simone Weil, *A gravidade e a graça*

Segundo o biólogo Bruce Lipton, estamos em tempos de provações da alma, (Lipton; Bhaerman, 2013). Existe um vazio interior a nos questionar a todo instante. Na visão do psicólogo James Hillman (1993), esse vazio aponta para questões sociais mais amplas: baixa produtividade, baixa qualidade, vícios, depressão e ansiedade, entre outras. Mas seria raso acreditar que esses aspectos têm apenas impactos econômicos. Hillman (1993) sustenta que uma vida harmoniosa passa pelos nossos valores de alma, e, para que isso ocorra, o primeiro passo é desenvolvermos habilidades para lidar com a repressão que vivemos. Para ele, a repressão está em toda parte: família, escola, trabalho, festas e nossa própria casa. Ela é consequência do excesso de informações às quais nos temos submetido. Como defesa, nosso organismo nos coloca em estado de entorpecimento psíquico, fruto do estado de normose[*] que se instala.

Podemos dizer, então, que a repressão é o que nos tem paralisado frente ao chamado da alma para entrarmos em ação. Dentro de casa, essa alienação pode estar projetada no que nos cerca: teto, paredes, portas, móveis e objetos

---

[*] Normose é tida como a patologia da normalidade. Segundo o antropólogo e psicólogo Roberto Crema (Weil; Leloup; Crema, 2011), uma pessoa normótica se adapta a um contexto e a um sistema doentes, agindo como a maioria. Para o psicólogo e filósofo Jean-Yves Leloup (*idem*), a busca pela conformidade que caracteriza a normose impede o encaminhamento do desejo no interior de cada um, interrompendo o fluxo evolutivo e gerando estagnação. (N. E.)

os quais se espalham como testemunhas simbólicas de desgostos e ultrajes vividos.

Para o designer Victor Papanek (2014), o que pode ser o início do caminho àqueles que buscam um DESIGN "ALMADO" – com alma – está na intenção, tanto em quem cria como no que é criado, em uma relação íntima entre a cabeça e a mão. Ao exercermos nossa criatividade e nossa perícia, aquilo que fizermos dará forma ao que somos e ao que nos tornamos.

De uma forma ou de outra, todos queremos consertar o mundo, tendo ou não consciência disso. Em nível consciente, desejamos salvar o planeta por razões éticas ou altruístas. Em nível inconsciente, nossa motivação vem do instinto de sobrevivência. Não faz sentido querer ter uma vida equilibrada dentro de casa em um mundo desequilibrado. E você deve estar questionando: "Por onde eu começo?".

O contato com a alma, estabelecido pelo fazer, pode envolver outras áreas do conhecimento e outros saberes ao design de interiores.

Por exemplo, segundo a geometria fractal, os padrões de organização da natureza se encontram em diversos níveis de estrutura do universo, como é possível ver no padrão de distribuição dos galhos de uma árvore que se repete nos desenhos cravados pelos rios sobre a terra, nas raízes das plantas ou mesmo nos vasos sanguíneos do nosso sistema circulatório. A geometria fractal tem sido utilizada na criação de projetos de arquitetura e de design de interiores e explorada por meio do design biofílico. Além disso, novos estudos com base na arquitetura vernacular buscam promover a conexão com a natureza e criar espaços mais harmoniosos.

A epigenética é considerada no design de interiores na medida em que afirma que influências ambientais afetam a expressão de genes. Se escolhas e exposições ambientais podem influenciar a saúde e o bem-estar, um bom projeto também poderia ser elaborado com esse fim.

Já a psicologia, quando aplicada ao design de interiores, torna-se uma ferramenta para ajudar na transformação do sistema de crenças, que envolvem repressões e medos. Será também a psicologia, em colaboração com a ecologia (por meio da ecopsicologia e da ecologia profunda), que nos auxiliará a ir em busca do restauro da alma, por meio do restauro da relação com a natureza.

CAPÍTULO 9.
UMA PONTE ENTRE OS SENTIDOS E O MUNDO

> Sarvan Annam [...] é um conceito hindu de que tudo é alimento [...] não só o alimento que a gente come [...], mas aquilo que eu ouço, o que eu vejo, o que eu sinto, nas formas, e isso inclui a nossa casa, o nosso bairro, a nossa cidade, as cores, aquilo que é harmonioso, a música, e de toda uma ideia com a qual entramos em contato.
>
> Alice Bailey, *Um tratado sobre magia branca: o caminho do discípulo*

Neste momento, você que está lendo este livro pode estar sentindo tensões em algum local no corpo – face, pernas, abdômen, ombros – que provavelmente são desnecessárias.

Essas tensões inúteis, essa energia que nos incomoda, mostram como estamos desorganizados emocionalmente. Poderíamos usar isso tudo para estar na vida, mas sem nos deixar ser tragados ou tragadas por ela.

A relação com nossos pares também ficou superficial. Agimos como se fôssemos mentes destituídas de corpos, sem nos darmos conta do extraordinário que somos. Ao não reconhecermos nossas capacidades transpessoais, desgastamos nosso corpo muito além do necessário.

O que seria a decoração senão o exercício de aprender a nos relacionarmos, percebendo o corpo, os sentidos, as emoções e, com isso, descobrir o poder que essas práticas guardam?

Então, a decoração seria o exercício de dividir nossa atenção entre o que está fora e o que está dentro de nós, percebendo, por meio dessa relação com o próprio corpo, seu espelhamento pela casa.

Para o filósofo e místico George I. Gurdjieff (2006), somos constituídos de duas naturezas bem distintas: a personalidade e a essência. A ==PERSONALIDADE== é a parte da natureza que foi criada para nos adaptarmos à vida; ela tem a ver com nossa nacionalidade, a língua que falamos, nossos costumes, nossa religião e nossa ambição. No mundo da razão, deixamos a personalidade ser ==DOMINADA PELO EGO==, o qual reforça nossos sentimentos de competição, controle e medo, escolhendo a sexualidade como único viés para amar. No transcorrer do dia, podemos perceber a manifestação da personalidade por meio da nossa mente tagarela, que fica a repetir historinhas que nos prendem a ela – a mente – utilizando-se da raiva e do medo. Tudo aquilo que ficamos "ruminando" em pensamento é ação da personalidade.

Já a ==ESSÊNCIA== é o que trazemos de outras recorrências, outras experiências; é a parte de nós que contribui para o planeta e se apresenta como a ==CRIANÇA INTERIOR== perdida e abandonada, que chama nossa atenção para um outro lugar em nós, a ser buscado e no qual acreditar. Buscar a natureza em nós é permitir, a essa criança, crescer e se expressar com seu humor e sua espontaneidade fluidamente.

O sociólogo e historiador Richard Sennett (2009) ressalta que todos temos a capacidade de fazer bem algum trabalho manual. Segundo ele, existe um artesão inteligente na maioria de nós, pronto a se expressar. Para ser um bom artesão, não é importante ter talento; a motivação é sempre mais importante.

Na dimensão da essência há humor, um olhar lúdico pelas coisas, um jeito próprio de se expressar e fazer. Eu me inspirei na criança que necessita crescer, de Gurdjieff (2006), e na destreza do artífice relatado por Sennett (2009) para criar, neste livro, a persona do designer que habita em nós em seu furor criador. Não imagino outra forma de fazer essa criança interior crescer senão como um adulto que aprendeu a dialogar entre as sintonias da razão e da emoção.

Quando estamos conectados a esse designer interior, agimos com a honestidade dos nossos sentimentos e pensamos: "Quero defender aquilo que sou", "Será que faço diferença para alguém?" (Goswami, 2018, p. 90).

NO CORAÇÃO GUARDAMOS A CHAVE PARA ANIQUILAR A REPRESSÃO E PRATICAR A BELEZA

Reconhecer e honrar o que faz nosso coração pulsar de emoção é uma maneira de combater a repressão exercida por nossa personalidade. Praticar a beleza é buscar o melhor da nossa essência, pela apreciação e pela criação de um ambiente agradável ou por qualquer outra atividade que desperte um senso de admiração e gratidão, trazendo harmonia, inspiração e encanto para nossa vida cotidiana.

No mundo antigo, o órgão da percepção era o coração. A ele se associavam as coisas dos sentidos. A palavra em grego para percepção ou sensação era *aisthesis*, que significa inspirar ou conduzir o mundo para dentro por meio da respiração entrecortada – aquela exclamação diante de uma surpresa, um susto ou um espanto como uma reação estética à imagem apresentada.

À medida que começamos a dar vazão às formas de sentir e perceber, essas duas ações (ou efeitos) metaforicamente passam a se conectar com o coração. Assim, o coração, além de um órgão humano, tornou-se símbolo das nossas emoções, quando ligadas ao sentimento. Dentro desse simbolismo, podemos agir ou reagir com o coração, que percebe tanto sentindo como imaginando (Hillman, 1993).

Hoje, as pesquisas em neurocardiologia apontam que o cérebro e o coração trabalham juntos. De acordo com essas pesquisas, o cérebro influencia o coração, e o coração, mesmo não sendo o centro dos pensamentos, trabalha enviando mensagens para áreas específicas do cérebro, exercendo grande influência sobre ele. Se um dos dois adoece ou falha, o outro pode ser afetado.

O que está sendo apontado é que coração tem uma rede neural própria, também conhecida como o "cérebro do coração", em que se concentram neurotransmissores, proteínas e células de apoio que guardam memórias de curto e longo prazos, podendo operar independentemente dos comandos do sistema nervoso central provenientes do cérebro.

Para a psicologia, segundo Hillman (1993), nós nos distanciamos da alma a partir do momento em que nos distanciamos do coração (e de sua conexão com a imaginação e com a beleza), tratando-o apenas como um órgão do corpo. Para ele, os acontecimentos aceleraram-se proporcionalmente ao fato de não serem apreciados pelo coração, e, por esse motivo, passamos a buscar acontecimentos cada vez mais intensos, pois, ao nos afastarmos do reconhecimento estético do coração, ficamos anestesiados em relação aos fatos.

A tarefa cognitiva passará de compreensão do sentido a uma sensibilização para os detalhes, pois o trabalho invisível de criar com a alma encontrará suas analogias pela visibilidade das coisas bem-feitas.

Aqui, porém, não se pode resumir a estética ao embelezamento, à música de fundo suave, aos jardins bem cuidados, às visitas a museus e galerias, a plantar árvores ou mesmo a decorar a casa, entre outras ações. A essência estética da beleza é simplesmente sua manifestação;

é como ela nos toca, seu cheiro, seu som, falar para e por meio do nosso coração, respondendo a olhares, linguagens, sons e gestos das coisas por entre as quais nos movemos e que são responsáveis por personificar nossa alma.

Esse é o desafio do design de interiores: **CRIAR ESPAÇOS QUE INTEGREM A PERSONALIDADE À ESSÊNCIA**, trazendo consciência para o poder das nossas ações, a fim de que dessa forma sejam pensados como ambientes sagrados e nos proporcionem o resgate da nossa alma.

Alguns já disseram que **A CASA NÃO MENTE**, e eu confirmo. Nas muitas histórias que conta, em cada uma delas há um sentido a descobrir. Como significado dos acontecimentos, das tristezas ou do prazer que habitam algumas de suas partes. A casa dá forma à nossa subjetividade, a memória arcaica do corpo. Os acontecimentos, as doenças do corpo e da alma, o prazer que anima alguns de seus ambientes. Nela, nada é esquecido. Cada acontecimento vivido, da primeira infância à vida adulta, deixa suas marcas profundas. Sua memória torna-se viva, e vivê-las é uma forma de reverenciar a alma.

DESIGN — SUBSTANTIVO, VERBO, TÉCNICA, ARTE, PROPÓSITO... E O QUE MAIS?

Em inglês, a palavra *design* funciona como substantivo e como verbo. Como substantivo pode significar, entre outras coisas, plano, intenção, meta, conspiração, forma, estrutura básica, propósito. Como verbo – *to design* –, significa tramar algo, simular, configurar, proceder de modo estratégico, projetar.

Mas como é que o termo "design" adquiriu seu significado atual, reconhecido internacionalmente?

Em um amplo estudo, que pode ser mais bem compreendido no livro *O mundo codificado*, o filósofo Vilém Flusser (2007), ao se aprofundar na origem da palavra "design", encontrou-a inter-relacionada a outras, como "máquina", "técnica", "arte" e "poder". No entanto, essa origem esteve negada durante séculos a partir da cultura moderna, quando foi feita uma separação brusca entre o mundo das técnicas e o das artes, dividindo-os em dois ramos estranhos entre si: o ramo científico, qualificável e rígido, e o estético, qualificador e plástico.

Segundo Flusser, essa separação desastrosa começou a se tornar insuportável ao final do século XIX, quando a palavra "design" passou a representar uma ==ponte entre técnica e arte==. Porém, ainda não satisfeito, analisando o design de uma simples alavanca e de seu uso a partir do apoio do próprio corpo, ele chegou à conclusão de que o design guarda, em sua base, a qualidade de enganar a natureza por meio da técnica, substituindo o natural pelo artificial para nos transformar, potencialmente, em artistas livres.

Diante desse contexto e embora essa seja uma boa explicação, não podemos nos inocentar frente ao fato de o design também justificar seu papel de conspiração, engodo e malícia. Parece-nos que a mesma alavanca que nos fez chegar até aqui como criadores e que guarda o poder de nos levar às estrelas também nos afastou da verdade e da autenticidade, levando-nos a viver cada vez mais de um modo mais bonito (menos belo), porém artificial.

Olhando por esse viés, se o design continuar se tornando o foco do interesse e as questões referentes a ele passarem a ocupar tão somente o lugar das "boas" ideias, no futuro não mais pisaremos em terra firme. Basta, para isso, olhar as latas de lixo de nossa casa, as caçambas de entulho espalhadas pelas ruas, os inúmeros vídeos disponíveis na internet sobre aterros sanitários ou as ilhas de detritos pelos oceanos para entender como o design pode nos influenciar negativamente.

A palavra "design" é ambígua e está associada, ainda, a signo, indício e presságio. Etimologicamente, significa designar, ou seja, ela pode ser também a alavanca que nos impulsiona a dar um propósito aos nossos sonhos e desejos, possibilitando-nos, daqui para a frente, viver de modo completamente distinto o mesmo mundo, que já não é tão moderno (Latour, 2001).

PROPÓSITO, ENTROPIA E SINTROPIA

O desígnio – **PROPÓSITO** – de qualquer ideia é cumprir uma função. Para realizar a função, requer-se a forma, que como já vimos se origina das nossas intenções (conscientes ou não), aliadas à busca pelo prazer interior. Quando essa intenção se transforma em objeto, no caso do design de interiores, na casa propriamente decorada, significa que o propósito chegou a seu objetivo, concretizando-se e atingindo o ponto máximo de carregamento energético (Andrade; Pasini, 2022).

Depois que o design cumpre a função que a originou, começa a fase de **ENTROPIA**, que passa a dispersar, descarregar e desagregar aleatoriamente a energia que a iniciou até o ponto máximo de degradação. A partir daí, o que sobra pode ser descartado e tornar-se lixo ou ser reciclado e/ou ressignificado e retornar à cadeia de consumo. Reciclar significa reutilizar e ressignificar, dando nova utilização para objetos que não mais têm uso, por meio de processos sintrópicos, nos quais o saldo da energia gerada se reorganiza e ganha peculiaridades qualitativas e diferenciação, voltando à cadeia de consumo e conferindo vida longa ao design.

No design de interiores, a **SINTROPIA** pode ser acessada por meio de duas vias: **NO CAMPO MATERIAL**, por processos e trabalhos de manutenção na casa, reciclagem, ressignificação ou *upcycling* que envolvam os conceitos da economia circular, e **NOS PRINCÍPIOS PSICOLÓGICOS**, por meio de afetividade, busca de prazer interior, criatividade e, principalmente, ressignificação simbólica, o grande guarda-chuva que contempla tudo.

Ambas as etapas, sintropia e entropia, são qualidades energéticas complementares e análogas. A energia liberada por transformação entrópica abastece processos sintrópicos, e vice-versa (Andrade; Pasini, 2022).

No design de interiores, entropia e sintropia podem ser vistas pela analogia aos significados de caos e cosmos – o primeiro representa a desarmonia doméstica envolvida no momento em que nos percebemos insatisfeitos com a casa, e o cosmos está relacionado ao desejo ou à necessidade de harmonizá-la, com base no propósito e na intenção em si.

Mas, para gerar cosmos, é preciso movimentar ainda mais caos. É aí que resolvemos quebrar uma parede aqui, trocar um tecido ali, fazendo da nossa vida o próprio caos. Antes de conhecer esse conceito de geração de energia, eu costumava dizer aos clientes que a vida era esse movimento bagunçado que a todo momento questionava nossos caminhos e que viver seria pôr ordem nessa bagunça que a vida é. Inconscientemente, bagunçamos tudo porque nossa intuição sabe que só do caos é que surge a possibilidade de entrarmos em contato com nosso potencial máximo criativo com o espaço. O caos nos desafia e nos possibilita ir ao encontro de um novo arranjo, o cosmos. Esse auge criativo se abastece da coragem – não a coragem da impulsividade, mas aquela que o propósito nos dá quando buscamos a beleza em sua condição de harmonia. É onde entra o design de interiores, nessa tensão entre entropia e sintropia, atuando como organizador do impulso de decorar, colocando ordem, processo e clareza no caos.

Passado esse percurso do caos, gradativamente se chega ao cosmos, e, a partir disso, a casa poderá entrar novamente em fluxo entrópico (perda de energia), por meio do desgaste natural pelo uso e pelo tempo, ou também pela falta de envolvimento (empatia simbólica) de seus moradores pelo espaço, seja por falta de limpeza, seja por bagunça, seja por distanciamento emocional. Para aqueles que se projetam na casa e estão sempre atentos aos seus movimentos, ela faz perdurar o estado sintrópico, retroalimentando-se de forças energéticas geradas por rituais, relações de afeto, manutenções sustentáveis (reciclagem), satisfação, prazer, contemplação e toda ação que represente um vínculo simbólico com a casa por parte de seus moradores, e que trabalharão atraindo forças que a transformarão em um campo magnético e nutridor.

O QUE EU QUERO, DO QUE EU PRECISO E O QUE EU AMO

A proposta que trago neste livro é de que a mudança comece pelas pequenas coisas, pelo que está ao nosso lado, na forma como sentimos e como nos relacionamos responsavelmente com a casa, segundo uma abordagem multidimensional. Trabalhar o universo simbólico doméstico, observando nossos ritmos e nossos rituais como uma forma poderosa de curar o espaço e sua projeção do mundo.

Pensei no caminho para essa mudança partindo de três questionamentos e suas respectivas respostas simbólicas, tanto no âmbito do design de interiores quanto no da decoração. São conceitos embrionários, que muito ainda têm a evoluir. Por outro lado, revelá-los ao campo do conhecimento é de suma importância para que ocorra um aprofundamento mais amplo: o que eu quero? Do que eu preciso? O que eu amo?

Para o filósofo Mário Ferreira dos Santos (2018), é característico nos desdobrarmos em duas funções: a que procura pelo semelhante e a que percebe o diferente. Curiosamente, esse conceito é o mesmo que rege as regras do *coolhunting*, uma profissão que busca investigar, descobrir e prever tendências e comportamentos que podem ganhar popularidade em nichos específicos do mercado.

A primeira função, a de comparar para aprender com o semelhante, é a que melhor corresponde à natureza do homem, pois no fundo busca simplificar e assegurar uma economia ao trabalho mental – e aqui faço um aparte justificando por que no mundo hoje existem tantas cópias, ou seja, por pura preguiça de criar. A segunda função tem relação sobre aprender o diferente, que é mais cansativa pois exige mais gasto de energia. Nesse exercício proposto de semelhanças e estranhamentos, a **PERSONALIDADE** (razão) trabalhará em busca das referências que **NOS ESPELHEM SEMELHANÇAS**, por meio daquilo que surge à nossa frente repetidamente e, em consequência, de alguma forma se torna conhecido por nós, gerando concorrência. Ao saber dessa qualidade humana, a indústria usa do marketing e nos inunda de informações, que passamos a absorver e pelas quais passamos a ter empatia, surgindo daí gostos e necessidades até então nunca pensados. Em seu contraponto, a **ESSÊNCIA** (intuição) nos levará ao encontro com o diferente, aquilo que nos chama a atenção por ser incomum, estranho e por vezes contestador, mas que **NOS TOCA E CHAMA A ATENÇÃO**, promovendo um diálogo com nosso inconsciente e um comportamento de colaboração.

Na prática da decoração, a razão percorrerá as informações e, diante do leque de opções, terá identificação com alguns conceitos e produtos. A partir desse espelhamento, passará a notá-los repetidamente em suas buscas. Um exercício bastante benéfico é fazermos uma pesquisa de imagens que despertem nossa atenção. Elas não precisam se restringir ao tema da casa decorada; podemos incluir fotos familiares, imagens de países distantes, imagens que nos sensibilizem, recortes de revistas ou mesmo prints da internet. Tenho feito esse exercício com todas aquelas imagens que separamos nas mídias sociais por nos chamarem a atenção (por exemplo, de receitas, destinos longínquos, lugares exóticos, ideias curiosas). Não importa que tipo de imagem seja; as informações de que precisamos estão todas lá, escondidas e nos aguardando. O passo seguinte seria criarmos um painel expondo todas elas, lado a lado, buscando os itens que se repetem. É um exercício interessante e surpreendente, pois permite observar as cores que se repetem, as texturas predominantes e os estilos e formas que nos seduzem.

Nessa mesma pesquisa, é possível detectar o que é diferente, o que é único e nos estranha e faz bater mais forte o coração. O que não se repete, provoca-nos e transcende.

Para o filósofo Friedrich Nietzsche (Rocha, 2007), todos somos muitas coisas ao longo do tempo, e isso é o que nos leva a uma grande diversidade interna, ou seja, nossa identidade está sempre mudando, portanto nunca somos um ser totalmente definido. No entanto, nesse eu provisório sempre há algo que persiste, tangenciando nossos vários "eus", ==o que Nietzsche chama de estilo, e eu, aqui, chamo de propósito==: a força congruente que harmoniza a razão e a intuição, entre aquilo que se repete e o que nos diferencia.

"O que eu quero", "Do que eu preciso" e "O que eu amo" são pistas as quais deixo aqui para aqueles que anseiam por aprender os caminhos da mudança pelo viés de um design de interiores alicerçado nas práticas ecocêntricas. Essas três experiências são os instrumentos para a percepção do mundo exterior com o objetivo de nos conectar com nosso interior, acessando o mundo dos símbolos, nossa ponte de conexão com as emoções e com alma, ativando nossa vontade e nossa criatividade, gerando uma série de *insights* e lembranças.

O que eu quero?

"O que eu quero" parte de uma escuta física e palpável. Fazemos uso da intenção para adentrar o mundo da emanação, a origem – é o que se chama de ==experiências de horizontalidade==.

As experiências de horizontalidade têm um caráter mais lógico – com suas obrigações e restrições, revelando o papel de expandir nosso olhar, integrando paredes, piso e teto com os móveis e objetos, constituindo a dimensão da nossa casa como um todo, por meio de ordem, método e processo. A horizontalidade se define no projeto de design de interiores da casa em si; é a experiência direta por meio das suas etapas.

Como mundo da emanação, é onde estão o princípio, o ponto de partida, a intenção-base do objetivo e a direção do propósito. Como diz o velho ditado, se você não sabe para onde está indo, acabará chegando a lugar nenhum.

==E, PARA ISSO, É FUNDAMENTAL COMPLEMENTARMOS "O QUE EU QUERO" COM "COMO EU QUERO?" E "QUANDO EU QUERO?".==

Para que o projeto se desenvolva, faz-se necessário um objetivo claro, que nos ajude a reunir nossas habilidades, nossa paixão e nosso propósito, para fazer surgir a casa que nos espelhe. Demonstrar uma intenção atrai novas experiências como a força de um ímã, pois o propósito é magnético. Se a vontade de mudar é a mãe da invenção, a intenção provavelmente é o pai.

Em primeiro lugar, surgem nossas demandas físicas. "O que eu quero" parte do tempo presente, considerando a casa um espaço mais racional e matemático, sendo responsável pela base de todo o projeto de interiores. Nessa escuta, tentaremos identificar nosso ponto fraco, o lugar do sofrimento, da angústia, afinal se trata de um querer que não está aberto a negociação, ao mesmo tempo que não é inteiramente lúcido. É um questionamento que nos sugere uma ação.

"O que eu quero" nasce do desejo primário acerca da vontade de decorar. Aqui, o designer que habita em nós se manifesta nos pedindo a pesquisa e o planejamento. Vale ressaltar que esse designer se mostrará mais habilidoso à medida que dermos valor às nossas histórias.

Nossos ouvidos passam a trabalhar na busca por **APRENDIZADOS E INFORMAÇÕES**, absorvendo melhor as frases lógicas: "Quantos metros?", "Quanto custa?", "Quanto tempo leva?", "Como eu faço?", "Onde encontro essa informação?". Esses são alguns exemplos de como nossa mente funciona quando se exige dela uma organização mais quantitativa, definindo uma forma de pensar horizontal.

"O que eu quero" também pode ser analisado sob uma visão psicológica, estando relacionado ao conceito de princípio da realidade, definido por Sigmund Freud.

O **PRINCÍPIO DA REALIDADE**, como o nome sugere, é um mecanismo psíquico que nos direciona e nos adapta à realidade, daí o fato de estar relacionado a uma fase mais cartesiana do projeto da decoração. Esse princípio exige certa renúncia àquela parte do prazer que supera os limites consentidos pela moral.

O *ego* é guiado pelo princípio da realidade. Ele busca satisfazer aos nossos desejos e impulsos primitivos (também chamados por Freud de *id*) de uma forma socialmente adequada, opondo-se ao princípio do prazer, mas sem o anular. Sua função vai no sentido de mediar os impulsos do *id* para que eles sejam satisfeitos de acordo com os princípios morais da realidade social.

Os aspectos culturais, a moda, as tendências, os usos e costumes, a propaganda dizem muito do conteúdo que preencherá o *ego*, ainda que sua função seja fixa. O *ego*, regido pelo princípio da realidade, está preocupado em evitar o perigo e nos adaptar ao comportamento civilizado, alimentando uma tendência de se comparar com os outros e imitá-los.

No design de interiores, esse movimento se reflete no projeto em si, segmentado por fases ou etapas sempre levando em conta as nossas necessidades, envolvendo definições, escolhas e valores de investimento *versus* a duração (começo, meio e fim). A casa passa a ser/existir por um processo de mensuração; passamos a ter uma visão horizontal dela, por meio de projeto bem-feito e que abarque um desenho executivo, imagens em 3D, planilhas e memoriais para dar suporte ao medo, sempre com a busca de informações que deem lastro ao resultado.

Para aqueles que são mais aplicados, sugiro montar um memorial contendo todas as informações relativas a cada etapa, com um mapeamento fotográfico da casa em seu estado antes da intervenção. Nessa fase, as fotos anteriores à reforma e à decoração são fundamentais, pois, em razão da nossa alta adaptabilidade a tudo o que se apresenta, ao final do projeto podemos acabar sublimando a importância do tudo que foi criado, idealizado, realizado e transformado. Um clássico exemplo de que, quando queremos olhar para o futuro, faz-se necessário olhar para o passado. De forma simultânea a essa etapa, a mente sempre deve justificar nossas escolhas, questionando-nos pelas histórias que contamos sobre a casa.

Sob a ótica ecossimbólica, "O que eu quero" envolve a ==ANÁLISE DAS PEÇAS E DOS MOBILIÁRIOS QUE TRAZEMOS CONOSCO== em nosso percurso, com os quais criamos vínculo pelo afeto, definindo por mantê-los em nossa casa nova não importando seu estado de conservação. Embora possam sofrer alguma manutenção, não perderão seu uso nem sua função original. Ou seja, trata-se do reconhecimento de todos os símbolos que nos acompanham pela vida e daqueles que queremos manter conosco. Nesse caso, precisará ser realizada uma análise meticulosa de cada um desses objetos – as histórias que trazem com eles, de onde vieram, quem nos presenteou, onde compramos, qual período da nossa vida eles representam.

Do que eu preciso?

"Do que eu preciso" parte de uma escuta psicológica e da prática do exercício da escolha ou do mundo da modelação – ==EXPERIÊNCIAS DE VERTICALIDADE==.

As experiências de verticalidade são de cunho passivo, associativo e imagético. Elas tendem a ser mais personalizadas e carregadas de significado, fazendo-nos entrar em contato com nossa linha do tempo para buscar registros simbólicos por meio de nossas memórias afetivas mais genuínas e nossos aprendizados por meio do nosso próprio corpo.

Na verticalidade mora a vontade. Aqui não estou falando daquela vontade de, por exemplo, comer um doce ou prato específico para satisfazer a um desejo momentâneo, mas de uma vontade mais interiorizada que nos incita ao todo, a desejar se sentir livre, leve, expressando a criatividade. É a manifestação do designer que habita em nós por meio da ação do criar.

Sob a vibração do campo da escolha, nossas intenções vão buscar em nosso inconsciente histórias, lembranças, sentimentos e desejos. Se "O que eu quero" tem vetores relacionados à busca por aprendizados, por meio de deslocamento para a direita, para a esquerda, para a frente e para trás, "Do que eu preciso" torna-se subjetivo à medida que se direciona para cima e para baixo. Podemos tomar, como exemplo, as metáforas do sótão e do porão: medos, preocupações, desejos e lembranças dos quais eu tenho ==CONSCIÊNCIA (SÓTÃO)==, e o que eu guardo em meu ==INCONSCIENTE== e não está claro ==(PORÃO)==.

Que escolhas diárias devemos fazer para entrar em sintonia com o conceito da nossa evolução? No campo da escolha, nossa relação com o espaço faz-se por meio das vivências que se tem com ele. O espaço vivenciado mostra pronunciadas descontinuidades: aparentemente ele pode nos parecer um espaço fechado, mas basta iniciar as experiências, por meio das nossas histórias e vivências, para ele se expandir ao infinito.

Freud define essas experiências como o ==PRINCÍPIO DO PRAZER==, que funciona junto do princípio da realidade, complementando as formas do funcionamento mental. O princípio do prazer, como o nome diz, caracteriza-se pela procura de prazer, assim como evita o desprazer, que é fruto da repressão. No entanto, o cérebro entende o evitar com a própria presença do medo e, ao nos proteger, faz que nos relacionemos com ele. No princípio do prazer habita nosso inconsciente, o qual direciona a força motriz que busca satisfazer impulsos como a fome, a raiva ou o sexual.

Em um projeto de design de interiores, o princípio da realidade e o princípio do prazer devem trabalhar em condição de cooperação: enquanto um é contenção, o outro é puro impulso e liberdade.

Eis o papel fundamental que antevê o início de um projeto: sua conceituação, feita por meio de uma atenta anamnese e de exercícios que estimulem a criatividade. Um conjunto de informações de cunho emocional para as quais sempre podemos voltar quando nos dispersamos do nosso propósito estético, quando provocados pelo consumo impulsivo, pelo palpite alheio ou mesmo pelas histórias vindas de outras fontes – por exemplo, modismos e movimentos artísticos –, que podem nos confundir.

Na questão ecossimbólica, "Do que eu preciso" se manifesta como ==ESPAÇO DE FERTILIDADE O QUAL SE ALIA AOS CONCEITOS DA SUSTENTABILIDADE==, partindo do princípio de uma visão criativa em relação aos objetos que já nos acompanham em nossa morada, mas que, por não mais fazerem sentido ou não se adequarem à nova fase da nossa vida, precisam ser ressignificados e/ou reciclados, por meio de cores, novos acabamentos, novos usos e novas possibilidades – o chamado *upcycling*, já mencionado anteriormente. Costumo dizer que essas peças são abundantes de boa intenção: sua matéria-prima é de excelente qualidade, e seu formato plástico permite que criemos por meio dele. Sob a interferência de "Do que eu preciso", já piquei tapetes orientais que ficavam guardados em armários, transformando-os em cabeceira de cama, pufes e tapetes tipo *patchwork*. Assim como já contratei artistas e grafiteiros para fazer interferências mais ousadas e personalizadas na superfície de móveis velhos, que seriam descartados.

A escolha torna-se única e representa a expressão máxima da transformação. Aparentemente, aquilo que não tinha valia e poderia ser descartado retorna a seu morador, a sua moradora, contando novas histórias e ressignificando símbolos da casa.

O que eu amo

"O que eu amo" representa a escuta da alma, que se faz presente em nossa casa a partir da integração de corpo, mente e coração. São ==manifestações que intercorrem em meio ao projeto== e que podem nos direcionar para outras possibilidades. Exemplos: aquela ideia que não deu certo e nos exige criatividade, pessoas e histórias que surgem em nosso caminho e ampliam nosso conhecimento, afetos provenientes da nossa surpresa e do nosso estranhamento frente à mudança.

Aqui também eu incluo o papel do designer de interiores, que por meio de seu olhar externo nos faz enxergar um lado ainda desconhecido ou de pouca intimidade conosco mesmo. "O que eu amo" é a integração de "O que eu quero" e "Do que eu preciso" por meio de um mergulho e da entrega ao mundo da expressão – ==experiências de materialidade==.

As experiências da materialidade nos propõem o futuro como meta. Orgulhoso de um passado como origem, sua expressão se dá pela decoração no tempo presente, e aqui "O que eu amo" deverá vir acompanhado de outro questionamento: "Por que eu amo?", que deverá descartar qualquer vínculo superficial com a casa. O porquê deverá integrar a experiência horizontal e a experiência vertical.

O equilíbrio entre matéria, existência e informação pode ser entendido como uma conexão entre diferentes formas de manifestação da mesma energia, que se expressa em níveis de consciência distintos. A matéria representa a dimensão física e concreta da casa, enquanto a existência se refere à presença e ao movimento da vida que a habita. Já a informação se relaciona com a simbologia e os significados que atribuímos aos objetos e espaços, que podem atuar como portais para o inconsciente.

Ao considerar essas três dimensões de forma integrada, podemos criar espaços que não apenas atendam às nossas necessidades físicas e funcionais como também sejam um reflexo daquilo que somos e do que buscamos em nossa vida.

Sob o ponto de vista projetual, essa é uma fase na qual ==nos abriremos para o novo==, para tudo aquilo que vem de fora. Novas tecnologias, novos materiais, aliados à sustentabilidade, resgates da nossa cultura primitiva e do fazer artesanal, o consumo consciente do design e todo o conteúdo presente nos capítulos que abordamos neste livro nos falam do mundo da expressão e de como queremos ser vistos a partir dela.

Na questão ecossimbólica, esse é o momento de nos abrirmos aos novos materiais e, por meio deles, à tecnologia e à ecologia. Nosso acervo pessoal já foi constituído nas duas fases anteriores, e "O que eu amo" deverá direcionar nossas escolhas, representando nosso compromisso por ser durável, reciclável e econômico.

Aqui, trago algumas sugestões de questionamentos a nos desafiarem diante das novas escolhas, sugeridos por Victor Papanek no livro *Arquitectura e design: ecologia e ética*. Estou certo de que você, a partir dessa lista, poderá ampliar esses questionamentos para se aprofundar nesse conceito.

O QUE EU AMO...

... é realmente necessário?
... preciso realmente de mais um?
... estou comprando por impulso?
... é um produto da moda?
... como será daqui a três, cinco e dez anos?
... poderei comprar em promoção?
... poderei comprar de segunda mão?
... poderei alugar?
... tem o mesmo propósito de outro artigo que já possuo?
... pode ser facilmente reciclado?
... poderei reciclar por mim mesmo?
... vai durar quanto tempo se for bem tratado?
... tem qual custo de manutenção?
... é um objeto da moda?
... foi bem fabricado e feito para durar?
... poderá atrofiar algumas das minhas capacidades?
... é de qualidade de fato ou tem uma falsa imagem de qualidade, amparada por uma boa estratégia publicitária?
... é seguro para o uso?
... é um produto que faz escorregar quando molhado?
... é inflamável?
... tem reposição?
... foi avaliado por fontes confiáveis?
... já mostrou devidamente as suas capacidades, eliminando seus "contras"?
... é uma cópia de qualidade duvidosa?
... será realmente uma boa escolha?
... sua quantidade de funções e botões fará alguma diferença no uso, justificando um investimento maior?
... é possível ser utilizado por um método diferente para o serviço que será executado?
... prejudica o meio ambiente?
... desperdiça energia?

Eis que a casa começa a nascer, em pleno alinhamento entre matéria, existência e informação, como formas distintas de manifestação da mesma energia. Isso significa que, mesmo quando nossa mente e nossos olhos nos fazem acreditar que estamos parados, os demais sentidos continuam trabalhando de forma integrada, convidando-nos o tempo todo a entrar em ação por meio dessa relação simbólica, em que nada pode ser dado como certo e tudo passa a ser uma experiência que chega com o intuito de nos despertar capacidades latentes, sempre prontas a se manifestarem.

As escolhas que preenchem uma casa registram a materialização da vida como sinônimo da criatividade, tornando-a um lugar de beleza, valor e estima. Desse modo, escolhemos objetos que possam representar o presente e contar um pouco do passado com representatividade no futuro.

Segundo o escritor Alain de Botton (2007), há uma interligação entre o senso de beleza e a compreensão do que é viver bem, e nesse meio se buscam significados de paz e harmonia dos ambientes, seja em um quarto, seja em uma cozinha, seja por meio de uma cadeira, uma torneira... E, nessa sintonia, a mente humaniza e organiza as formas, construindo a realidade diante de nós.

Muitas pessoas confundem o encontro com a alma com algo milagroso que vem de fora e em nossa direção, mas O CONTATO COM A ALMA NASCE de encontros. Para facilitar nosso processo de maturação e transformação como designer de nós mesmos, podemos desenvolver práticas e formas de pensar que busquem estabelecer congruência entre nosso ser interior (essência – do que eu preciso) e nossa expressão diante do mundo (personalidade – o que eu quero), equilibrando o mundo exterior com nosso bem-estar interior (espiritualidade – o que eu amo).

A alma está sempre presente em nosso corpo, como o pavio de uma vela que alimenta a chama, questionando-nos: QUE CASA SOMOS NÓS? O que faremos durante essa experiência com a casa? Qual o propósito desse investimento e dessa busca?

CAPÍTULO 10.
DESIGN DE INTERIORES, UM CAMINHO

> Um designer é também um professor, estando em posição de informar e influenciar o cliente. Com a atual confusão ambiental, é mais importante que ajudemos a orientar a intervenção do design, de modo que seja natural e humana.
>
> Victor Papanek, *Arquitectura e design: ecologia e ética*

Desde sua origem, a palavra "design" tem passado por diversas interpretações e ressignificações. Ao ser associada aos temas que regem os interiores – design de interiores –, não foi diferente e, por meio de seus processos e procedimentos, agregou múltiplos saberes à decoração, tornando-se uma FERRAMENTA DE CONEXÃO entre os sentidos e o mundo.

Faço um paralelo associando o design de interiores com a viagem: você escolhe um destino, determina uma quantia a investir, pesquisa sobre como chegar, planeja como ir e quando voltar, informa-se sobre as principais atrações, pede dicas aos amigos, busca informações sobre a cena cultural, e, por mais que se tenha preparado para o que vai encontrar, a experiência só se completa quando você mergulha e se entrega com o coração, deixando-se levar pelas emoções.

O design de interiores é assim, uma viagem, fruto de força de vontade, intenção, pesquisa, planejamento e envolvimento prático. A cada etapa, um novo caminho, uma nova história que nos leva a entrar em contato com as dimensões da beleza, alimentando nosso senso estético e ativando a persona do designer que habita em cada um de nós. Diante de tantas descobertas, o envolvimento torna-se uma consequência, de forma que, quando menos imaginamos, sentimos o desejo de mergulhar de cabeça e nos deixar levar intuitivamente em direção à beleza.

Como você pode ter notado, escrevi este livro na primeira pessoa do plural, "nós" (eu + você). Essa escolha tem o papel de nos treinar como colaboradores uns dos outros. E engana-se quem, ao ler minhas palavras sobre a importância do morador como protagonista da decoração, pense que eu tenha diminuído ou subestimado a atuação do designer de interiores. Assim, neste momento do livro considero importante tratarmos da profissão, de seu futuro e de ajustes que deverão ocorrer nessa atividade profissional.

Temos ouvido que, com o avanço da tecnologia, várias profissões se extinguirão, bem como outras surgirão, e isso é um fato: muitas se foram ou estão em "crise existencial", por meio dos profissionais que as exercem. Mas eu não tenho dúvida de que a atividade do designer de interiores tende a crescer, evoluindo e se especializando cada vez mais.

Em virtude das descobertas da neurociência e da ==importância do ambiente e do poder de influenciar quem nele esteja==, o design de interiores se tornará uma disciplina de grande notoriedade, além de complementar a outras profissões. Por exemplo, um gerente de hotel com especialização em design de interiores poderá ser mais valorizado, em vista de sua preocupação agregadora em manter o espaço e cuidar dele para que as experiências e os valores pensados para o ambiente sejam sempre destacados. Essa tendência deverá acontecer em outras atividades, como gerência de lojas, clínicas, fábricas e departamentos de recursos humanos, afinal cuidar da saúde dos funcionários envolverá cuidar do ambiente onde ficam boa parte do seu dia.

Para as lojas de design e decoração que buscam vendedores tendo essa formação como uma obrigatoriedade, não mais bastará contratar um designer de interiores que possa auxiliar os consumidores com o pensamento voltado para a meta de vendas a ser atingida, mas um designer de interiores que de fato se coloque no lugar de quem consome, tendo a consciência e o discernimento de que aquilo que é eficiente para alguns nem sempre o é para outros e, principalmente, que nem tudo que é design é bom e faz bem para a humanidade.

É aí que o designer de interiores ganha relevância fundamental, não só no papel de rechear o espaço entre as paredes que chamamos de casa, mas para ajudar seus clientes a se libertarem de uma sobrecarga simbólica indesejável. Ou, também, ao contrário, talvez os clientes necessitem de ajuda para descobrir o valor permanente de algum velho símbolo que, longe de estar morto, esteja tentando renascer ressignificado.

Aos que acreditam no papel curador do design, o designer de interiores não mais poderá negar os símbolos que os clientes trazem consigo para tomar a autoria do projeto exclusivamente para si. Em vez disso, precisará explorar eficientemente os significados simbólicos de cada cliente, adquirindo um conhecimento mais amplo das suas origens – por exemplo, hereditárias, geográficas, culturais, espirituais e até mesmo de gênero – para ajudá-los a se entenderem de uma forma mais ampla baseados nas escolhas que ocorrerão no processo, as quais não mais partirão de desejos superficiais e/ou impulsivos.

Para aqueles que me perguntam sobre como se tornar um profissional sustentável em um mundo de consumo, eu respondo: ==A SUSTENTABILIDADE COMEÇA SEMPRE PELAS RELAÇÕES==. Esse é o grande segredo. Nada mudará de fato se o enraizamento do design por meio das relações não for bem implantado por uma empatia que entenda a realidade de quem o contrata.

É de suma importância, aos profissionais do design de interiores, desenvolver qualidades psicológicas para poder traduzir os conteúdos simbólicos que emergem do inconsciente de cada cliente e, por meio deles, desenvolver habilidades para orientá-los. Digo que todo cliente deve ser olhado pelo seu potencial criativo, estimulando o designer que ali se esconde e que por vezes precisará ser convidado, mesmo que com muita resistência, a sair de sua caverna de medo para viver o prazer das experiências.

Quando um cliente novo chega ao meu escritório ou mesmo quando o visito em sua casa, gosto de percorrer metaforicamente a sua casa interior, adentrando suas histórias e as experiências ali vividas e que deixaram marcas, da mesma forma que os móveis e cômodos contêm marcas de uso, de exposição ao sol, colecionando desgastes, lascas e manchas. Escuto o que me contam e, principalmente, uso de toda a sensorialidade e toda a intuição para captar o que eles não contam. Gosto também de aprender com o silêncio, naquele pequeno intervalo de tempo entre cada pergunta, observando seus modos e a entonação de voz. Um brilho no olhar pode falar mais do que mil palavras.

Para isso, nossos estímulos terão de ser sutis, indiretos, aleatórios e, ao mesmo tempo, constantes, para não corrermos o grande risco de o cliente pender suas respostas somente para seu lado mais egoico. Será preciso criar espaço para a sua essência, no papel da criança interior que quer se manifestar como seu próprio designer. Vale ressaltar que, para isso ocorrer, é fundamental saber lidar com as próprias frustrações profissionais, pois alguns clientes poderão não aceitar participar do processo criativo, recusando-se a encontrar-se com a criança interior. Nesse caso, é importante que o profissional não leve para o lado pessoal, pois tudo isso acontece no campo do inconsciente, cabendo a quem conduz o processo interrompê-lo ou redefinir a abordagem. A cada "não" dito pelo cliente, abre-se um "sim", um rico caminho a ser trilhado por nós, profissionais.

DESIGN DE INTERIORES É A DECORAÇÃO EM AÇÃO!

Decoração é experiência; como um músculo, precisa ser treinada e fortalecida o tempo todo. O design de interiores, por sua vez, é a decoração em ação e deve ser encarado como um exercício investigativo pautado por uma escuta ativa que envolva outras dimensões do escutar, consistindo em um garimpo emocional realizado por meio de perguntas.

Fazer perguntas é parte essencial desse ==processo interativo entre o designer criativo e o cliente criador==. Devemos deixar de lado a ideia de que o designer é o que sabe tudo, e o cliente, menos. Da mesma maneira, essas perguntas não devem ser aplicadas como se fossem um questionário, uma seguida da outra, com início, meio e fim, mas pensadas intencionalmente para tirar os clientes da zona de conforto, como uma forma de estimulá-los a entrar em contato com o designer que lhes habita. São perguntas amplas que visam fazê-los perceber a relação que têm com o mundo com base nas histórias que nos contam.

Quais são suas origens? De onde são seus pais? Como foi a infância? Onde passavam as férias? Onde se formaram? Como era a casa durante a faculdade? Para os casados: onde se conheceram? Como seria se…? Como você se sentiria se…?

Esses são alguns exemplos que não têm, como objetivo, obter respostas, mas trazer à tona, ao campo das emoções, atos falhos, pequenas entrelinhas que nos abrem para grandes criações. Costumo brincar que é um exercício de mexer o caldo: a gente mexe, mexe, mexe e, quando se dá conta, emergem informações do inconsciente. E, certamente, as melhores perguntas são as que provocam silêncio como resposta, pois isso significa que os clientes estão em estado criativo. Uma forma de "quebrar o gelo" é intermediarmos esse garimpo com nossas próprias histórias, assim como utilizar metáforas é um ótimo recurso. Qualquer artifício é válido para tirar o *ego* do controle.

Às vezes, utilizo a ==TÁTICA DA CONTRATENDÊNCIA== para criar essas interrogações. Se o cliente quer uma casa para receber, já fico tentado a querer saber como será essa casa quando ele estiver sozinho; se ele se sente atraído pelos padrões lisos e brilhantes, questiono sua relação com as texturas e a porosidade; se prefere a noite, quero entender sua relação com o dia... Ou seja, procuro questionar o que o cliente me conta, espelhando seu oposto.

A ==CRIATIVIDADE DEVE ESTAR SEMPRE UM NÍVEL ACIMA DO PROBLEMA==, e essa passa a ser a importância do designer de interiores no acompanhamento do projeto: ter um olhar externalizado nas questões que abordam o inconsciente e usar da criatividade como quem investiga, na certeza de que encontrará um tesouro ali escondido. Em um primeiro momento, será preciso acolher o cliente em sua casa atual, com seus desejos e vontades, para entender o que o trouxe até ali e, em um segundo momento, propor-lhe uma aventura, convidando-o a olhar para um horizonte mais distante. A partir disso, será necessário pesquisar quais os símbolos dessa relação com o morar que se apresentam saudáveis. Precisamos olhar para o que é saudável, prestando atenção ao que abunda, a fim de traçar um caminho em direção a uma consciência positiva.

Quanto maior for a multiplicidade de experiências facilitadas por nós, profissionais, maior será a capacidade de unir o específico com o geral, de tocar o cliente criador, de contemplar a satisfação de desejos, de possibilitar mais *insights*, de levantar mais questões para, só a partir de então, poder oferecer soluções e elaborações pessoais.

NOVOS CAMINHOS PARA O DESIGN DE INTERIORES

Estudos em neuroarquitetura têm confirmado o que nossos antepassados já praticavam: que o ambiente construído é capaz de moldar quem somos – física, social e cognitivamente. O fato de vivermos em um mundo doente, por exemplo, é um resultado que, em parte, deve-se à maneira fria e pouco comprometida pela qual temos habitado nossas casas, afetando nossa vida, a vida dos que amamos e nossas comunidades.

É por isso que precisamos repensar o morar: para suprir algo além das nossas necessidades físicas e biológicas. O mundo está nos solicitando uma casa que emerja do nosso coração. Se, no mundo industrial, antes de habitar uma casa nós a decorávamos, no mundo digital o processo foi invertido, e, desde então, passamos a vida a decorá-la, pois ==cuidar da casa tornou-se sinônimo de autocuidado==.

Para isso, o partido a ser adotado diante de um projeto diz respeito às condições em que ela se encontra *versus* o propósito que levou à busca pela mudança. Essa é resposta que deverá permear não só o projeto como também toda a relação com a casa a partir de então.

COMEÇAR PELO COMEÇO

Essa fase envolve entrevista inicial, pesquisa de referências, criação conceitual, o pensar e o projetar e as questões que falam de sustentabilidade, sem esquecer os orçamentos, o grande vilão sabotador da decoração. Iniciar reformas e mudanças sem uma dimensão do investimento é perigo na certa, pois a decoração tem aquela aura da beleza, da transformação e da saúde, assim como pode passar a ideia de que é algo simples e fácil de fazer.

Até agora, trabalhamos o pensamento da sustentabilidade como se fosse, embora necessária, algo externo a nós, por vezes uma conveniência econômica em nível individual ou familiar: usar menos água, separar e reciclar o lixo, comprar carros mais econômicos, instalar energia solar e, de modo geral, saber da procedência do que se compra e preservar sempre que possível.

No entanto, a crise ecológica não é somente responsável pela destruição da natureza do planeta, mas talvez, e na mesma ordem de importância, da natureza que está em nós, como o amor, o afeto e o respeito pelo próximo, fazendo-nos esquecer os efeitos benéficos da alegria, da beleza e da liberdade de ser.

Para que um novo pensamento surja e, por meio dele, uma nova cultura passe a nos inspirar, tudo dependerá da nossa capacidade de viver de modo completamente distinto o mesmo mundo que já não é mais tão moderno assim. Aos que tratam desse ponto de vista como um ensaio de utopia, eu trago minha experiência, por meio da qual pude acompanhar pessoas em seus lares. Certamente a decoração não salvará a vida no planeta, mas tem grande chance de ajudar a nos integrarmos a ele.

E que fique claro que, muito embora eu considere ser necessário, não sou daqueles que sonham em mudar o mundo – pelo menos não de uma forma milagrosa. Ou seja, ao que tudo indica, vamos continuar nos desenvolvendo pelo viés da tecnologia e do consumo. Contudo, para que isso ocorra, não deveremos mudar a forma pela qual fazemos, mas **mudar o modo como estamos fazendo**. Esse, a meu ver, é o grande salto capaz de inovar nossas crenças e forma de pensar.

CUIDAR DIARIAMENTE DA CASA, BUSCANDO CONTEMPLAÇÃO

Nossa casa continuará vazia de significados se nos apossarmos apenas das coisas que podem ser compradas e vendidas. Há estudos que comprovam que o índice de felicidade depende das boas experiências diárias, como fazer refeições em conjunto, cuidar das plantas e receber os amigos, entre outras. Muitas dessas experiências diárias potencializam o grau de manifestação com que a vida ocorre na casa.

> Cozinhar é o mais privado e arriscado ato. No alimento se coloca ternura ou ódio. Na panela se verte tempero ou veneno. [...] Cozinhar não é serviço. [...] Cozinhar é um modo de amar os outros (Couto, 2009, p. 97).

Cuidar diariamente da casa é, portanto, essencial, seja movimentando os objetos e móveis, mudando-os de lugar, seja com a organização dos armários e a limpeza periódica, seja preparando as refeições, lavando a louça, arrumando a cama, tendo vida familiar e com os amigos, colocando flores no vaso, regando as plantas.

Detestados por muitos, impregnados pela herança de menos-valia que os assuntos domésticos adquiriram, os afazeres diários são movimentos que "bem" ou "mal" devem ser realizados com atenção. Claro que não precisamos faxinar a casa toda para pertencer a ela nem dar conta daquela pilha de louça acumulada na pia (embora fosse recomendável), mas **devemos escolher alguns rituais** (e nos responsabilizar por eles) como uma forma de simbolizar nosso apoderamento do território. Quando isso acontece, sentimos algo não verbal, como se acessássemos um portal para revisitar vivências que fazem aflorar muitas coisas do subconsciente, as quais nos permitem muitos *insights*.

Cuidar da casa, arrumá-la, organizá-la e inclusive limpá-la são alguns dos seus rituais, e, como rituais, têm o importante papel de nos fazer resgatar conhecimentos e dinâmicas muito antigas da vida, que se perderam em função do pensamento fixado na razão.

Se é um fato que não decoramos a casa para competir com o outro, por qual motivo a decoração existiria em nossa vida a não ser para nos ajudar a ter prazer por meio das práticas do cotidiano? O que fazemos na cozinha quando quebramos as paredes, trocamos os metais, investimos em eletrodomésticos, além de uma cerimônia em prol do ritual de cozinhar? Para que revestimos as paredes com papéis de parede, cortinas fluidas, uma cabeceira confortável, além de criar abertura e preparo para o ritual do repousar e do descansar, ou, então, para que perdemos tempo escolhendo sofás, cuidando da espessura dos tapetes, combinando cores e texturas senão para o ritual da celebração?

Uma decoração que nos conecta com nossa imaginação (imagem em ação) por meio dos rituais significa que a alma está em movimento. Um campo de criação de possibilidades a partir de uma nova consciência do que é morar.

> **Um jeito simples de reformar é mudando as coisas de lugar, mas não mude por mudar, mude para ressignificar, para criar um cenário que o ajude a tomar posse de si. E para isso não existem receitas, só pistas. Vá seguindo: cada fragmento da casa deve palpitar como um coração ardente, deve guardar uma lembrança ou uma história, abrigar ou exteriorizar a sua alma e ser transformado em autenticidade e coragem** (Solano, 2014, p. 164).

Lembro-me de uma mestra de meditação que me acompanhou em um período da minha vida e que certa vez comentou que as pessoas, embora estivessem desesperadas para encontrar o grande amor da vida, não cuidavam do básico, deixando a cama desarrumada. Ela recomendava a todos que parassem de buscar a pessoa amada fora de casa e simplesmente passassem a arrumar a cama no dia a dia, com amor e intenção, cuidando do ninho, pois com isso passariam a impregnar aquele ambiente de rituais de união. Eu mesmo passei por esse aprendizado e sou testemunha da sua efetividade. A alma sabe tudo o que se passa no coração, mas para isso é essencial nos envolvermos em cada uma de nossas questões por meio do que estamos fazendo. Mente e corpo, cognição e tônus muscular, alma e matéria não são entidades separadas, mas aspectos de uma mesma pessoa. Energias vibrando em frequências distintas (Matos, 1994).

Já parou para pensar nesses momentos despretensiosos de cuidar da casa e quanto nos deixamos envolver por uma mente tagarela?

Nossos pensamentos são carregados de sentimentos, emoções e memórias. Somos consequências de nossas ações, que podem ser reflexivas ou reativas, contemplativas ou impulsivas (Werá, 2023).

Será que o que vemos ao nosso redor – pendurados nas paredes, nos copos dentro dos armários, nas almofadas recostadas no sofá – não seriam os acordos velados aos quais nos permitimos por meio de rituais de pessimismo, medo, raiva, inveja que intimamente estamos criando? Ao não valorizar os cuidados diários, fazendo-os de qualquer jeito, não estaríamos deixando a casa desabrigada de seus rituais de consagração?

Em suas aulas, o monge Satyanātha ensina: ritual é tudo o que a gente faz no mundo físico com a intenção de acessar o mundo invisível, que, apesar de não vermos, está lá, em forma de vibração, pronto para *download*. Os rituais têm o poder de mudar o fluxo da nossa consciência, estabelecendo uma ordem de prioridade e importância daquilo que almejamos alcançar, transformando o mundo físico à nossa volta.

Na casa, nossos instrumentos para esses rituais são os pensamentos e a intenção neles. Por meio dos rituais cotidianos, praticamos a sinergia com a casa. E, quanto mais concentrados estivermos em nossas ações, mais ela estará conectada com nossa natureza. É assim que ==a casa fica impregnada por quem mora nela==, pois, para onde vai nossa atenção, a energia flui e vibra na forma pela qual a realidade se apresenta. E, assim, a casa ficará impregnada por todos os pensamentos da nossa mente tagarela ou será fruto de boas intenções de prosperidade e autoamor.

A paisagem da nossa alma e a paisagem exterior estão intrinsecamente ligadas. Reservar um tempo para cuidar do jardim, arrumar a casa, cozinhar e contemplar a casa, por exemplo, deve se tornar algo tão valorizado quanto os nossos afazeres profissionais, pois moldar nossa casa a partir da nossa natureza interior é um caminho fundamental para sairmos da relação de destruição que temos com o que nos mantém vivos.

Aos poucos, esses rituais são interiorizados e vamos percebendo seus efeitos, sentindo como a casa nos aceita. A experiência interna vai crescendo, elaborando esquemas de organização e harmonização.

Na casa também abundam os rituais do repouso e da contemplação, pois ==é do repouso que surge a intenção pela ação==. Portanto, temos que cuidar também da não ação. Aquilo que antecede o movimento de um pensamento, de uma emoção, de um gesto zelando pela energia que emitimos para nós mesmos e para o mundo à nossa volta (Werá, 2023).

A contemplação também dá suporte a esse mistério da não ação. Se ainda não podemos compreendê-la, cabe ao menos cultivá-la a fim de dar a devida atenção e o cuidado para esse espaço em nossa vida diária. Afinal, por que decoramos, senão para contemplar o que amamos e o que nos faz bem?

Os rituais são como pontes; eles ensinam a nos relacionarmos com coisas que não podem ser compradas nem vendidas. E o que não pode ser comprado torna-se sagrado.

> O espaço da casa se faz transcender ao espaço geométrico. Queremos, à primeira vista, compreender a casa como realidade visível e tangível: volumes, planos, linhas retas, linhas curvas [...], mas a casa

> não é um frio sólido que envolve o homem. A casa é vivida pelo homem; adquire valores humanos. Esse espaço geométrico se transforma em humano, assim que entendemos a casa como um espaço de conforto e intimidade. Além da racionalidade, descortina-se o campo do onirismo (Veríssimo; Bittar, 1999, p. 9).

Não é porque compramos uma casa ou mesmo a decoramos que o sonhar a casa se finda. É preciso manter esse sonho, tomando consciência do vórtice simbólico que a casa é. Sempre temos mais a aprender e, para que isso ocorra, será preciso ==nos dedicarmos diariamente a decifrá-la==, percebendo suas mudanças em nós. Não podemos esquecer que nela, além das horas, dos dias e dos meses, abunda a dimensão das coisas criadas.

Por meio do sonho e do sonhar a casa, mantemo-nos conectados ativamente com nosso inconsciente, e a casa torna-se o testemunho desse sonho, registrando os fenômenos que ocorrem entre a vida consciente e os fenômenos inconscientes.

E como deverá ser a formação do profissional de design de interiores?

Em um primeiro momento, recomendo a todos os profissionais que pensem a decoração e o design de interiores como um aprendizado contínuo, começando pela observação de si na relação com sua própria morada. Não é o que fazemos que deve vir primeiro, mas, antes de tudo, os valores de quem somos. Pois, ao nos tornarmos mais conscientes de nós mesmos, apropriamo-nos das técnicas, tornando-as individualizadas de acordo com nossas próprias experiências. Se o designer de interiores não fizer esse esforço para se autocriticar, admitindo sua relatividade no projeto, correrá o risco de não obter as informações necessárias para o reconhecimento das necessidades dos clientes.

E esse será o futuro da profissão em sua diversidade de possibilidades e aplicações, posto que cada um desenvolverá sua própria técnica com base em um conhecimento autoexperimentado, aliado a um olhar investigativo sobre cada cliente.

O que o design de interiores propõe a todos é entrar em contato com a própria ação, e, para que isso ocorra, o designer de interiores, por meio do autoconhecimento e do domínio da sua forma de pensar a casa, terá de delegar poderes ao cliente, que deverá se sentir estimulado a enunciar suas preferências. Essas, muitas vezes, trabalharão em oposição ao que o designer pensa. Nesse momento, esse designer deverá assumir o ==papel de educador, conselheiro e/ou cuidador da casa==, trabalhando em favor de seu cliente.

Nós, designers de interiores, estamos deixando de ser apenas prestadores de serviço para nos tornarmos, também, promotores de bem-estar e qualidade de vida.

O cósmico e o cotidiano, o espaço e o tempo, o feminino e o masculino, a natureza e a cultura, o sacro e o profano, a teoria e a prática passam a se confrontar naturalmente fundados nas experiências individuais de cada morador, que passa a transformar a casa como consequência do seu uso, das maneiras de ser, de se vestir, de se comportar e de se interessar pelos objetos, pelo mobiliário, pelas palavras que participam em conjunto dessas transformações e as informam.

No âmbito acadêmico, ==essa transformação será multi e transdisciplinar==. Diante da importância para o bem-estar e a saúde advindos de ambientes concebidos com esse propósito, a formação do designer de interiores cada vez mais demandará uma graduação ou especializações relacionadas a diferentes campos do conhecimento, indo além da dimensão material e a entendendo como uma PEDAGOGIA DO ESPAÇO. Para isso, deverá incluir estudos e descobertas de áreas diversas – epigenia, geometria fractal, antropologia, filosofia, psicologia (pessoal, social e ambiental), arte, ecologia (ecopsicologia e ecologia profunda), entre outras –, assim como deverá estender seus estudos às tradições milenares, como feng shui, vastu shastra, geobiologia, radiestesia e radiônica, entre outros possíveis saberes que surgirão, integrando e proporcionando um amplo aprendizado aos atuais desafios, tantos locais quanto globais.

Diante dessa extensa e complexa lista de saberes, sem considerar os avanços da tecnologia, temos de ter a consciência de que todas as informações pertinentes à concepção de uma casa decorada abundam nos meios de comunicação digital e que só existe um caminho para a diferenciação profissional: o rigor e o aprofundamento.

"AS FORMAS TAMBÉM FORMAM"

Essa frase da socióloga Marion Segaud (2016, p. 115) sugere que as formas têm a capacidade de criar outras formas, inspirar criações e moldar a maneira pela qual contrastamos e interpretamos o mundo e a organização do espaço, transmitindo significados.

Tem a ver com auxiliar os clientes, ensinando-os a se relacionarem com a casa por meio do mergulho no seu fazer, no seu criar, permitindo desenvolverem capacidades latentes – físicas, mentais, emocionais e espirituais – de forma integrada.

A combinação de aspectos estéticos e funcionais é bem complexa e, para isso, deverá abordar de uma forma mais ampla novos conhecimentos, recebendo maior peso que a visão autoral do profissional. Para que ocorram a pedagogia do espaço e a ecologia da casa, precisaremos de mais interações e de maior integração com os diversos temas que circundam o ser humano, abarcando uma postura mais investigativa sobre as várias camadas existentes em cada cliente.

Ciente desse poder que tem em mãos, o designer de interiores deverá tomar, como ponto de partida de seus projetos, a responsabilidade de preservar, reequilibrar e desenvolver ambientes que agreguem bem-estar, respeito e harmonia, promovendo saúde aos seus moradores.

ONDE EXISTEM BELEZA E HARMONIA EXISTEM CURA E SAÚDE

É necessário que a decoração seja sustentável; que integre a cultura individual de cada um com a natureza em seu conceito amplo e irrestrito, tendo como foco a criatividade e a rica biodiversidade que uma casa pede perante as questões psicológicas, estéticas e existenciais.

Embasar essa prática com referências científicas, além de ser um contraponto inusitado à forma pela qual a decoração é muitas vezes praticada, é meu modo não só de contribuir para estudantes e profissionais da área como também de ampliar a consciência dos interessados nos benefícios da estética, afinal é preciso pensar a decoração com responsabilidade.

A mudança da lente do design de interiores se faz urgente porque as tecnologias, os sistemas político-sociais e os modelos empresariais e econômicos refletem o modo como as sociedades veem o mundo. Logo, a tecnologia, os sistemas e os modelos, assim como todo o lixo que estamos colocando para fora das nossas casas, são resultantes do nosso sistema de crenças e dos modelos mentais atuais.

Então, se trouxermos a dimensão do amor para nossas lentes, o modelo da sociedade poderia se tornar um reflexo disso?

Como seria se, em lugar da oposição entre alto e baixo, entre material e espiritual, tivéssemos a tensão entre a vida na Terra e a vida com a Terra?

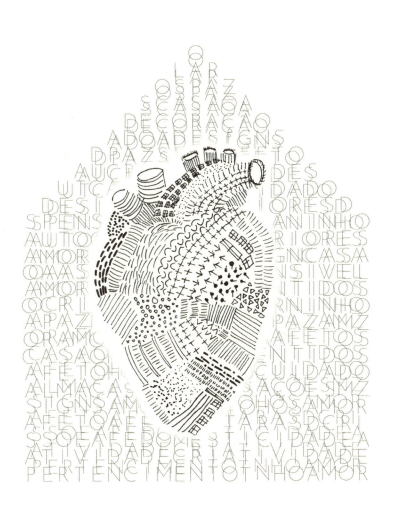

CAPÍTULO 11.
A CASA E O COSMOS

> Brinco com a casa para que ela brinque comigo. Desafio a ordem para nutrir meus desejos e deixo tudo macio, para, quando cair, mergulhar no prazer de ser abraçado por um pedaço de mim.
>
> Fabio Galeazzo

O cosmos é o conjunto de tudo o que existe, desde o microcosmo ao macrocosmo. Está relacionado às ideias de ordem, harmonia e beleza. O cosmo é o mundo natural, bem como o espaço celeste é o universo em seu todo. Entendido como ordem, opõe-se ao caos, que seria precisamente a falta de ordem.

Ou seja, o próprio universo – ou, simplesmente, o cosmo – convoca a ordem e a beleza em sentido estético de uma forma mais ampla, e nos ajustamos a ele por meio do sentido da beleza.

Assim, o cosmo tem a sua beleza, a sua geografia, em que o tempo o perpassa em fases, rotações e ciclos, definindo um movimento circular manifestado em símbolos e evocações. Um movimento circular remete-nos ao círculo, uma forma que nos leva à ideia de centro, o qual exerce o papel de reconciliar nossas tendências bipolares entre o sagrado e o profano, a luz e a escuridão, a coragem e o medo, etc. Uma metáfora que coloca o nosso *self* no centro de um mundo simetricamente ordenado, manifestado em símbolos e evocações que nos lançam na vida em busca de respostas que deem sentido a nós e ao mundo. A esse movimento circular e ascendente atribuímos valor de sagrado (Tuan, 1983).

Como já vimos nos capítulos anteriores, ao nos desenvolvermos quando crianças nos diferenciamos de nossa mãe, criamos nosso mundo e passamos a ordená-lo a partir do nosso centro cósmico, daquilo que nos emociona – o coração, que pulsa a vida e tudo quer conciliar. Fazemos nosso percurso em espirais circulares, e nosso interior se revela como um movimento de sentidos de dentro para fora e de fora para dentro, em que cada qual deve achar sua direção e de onde passamos a ordenar o mundo a partir desse centro.

A tomada da consciência se dá como resultado dessa nossa experiência interior com nosso corpo, com outras pessoas e com o mundo. Ao explorar o mundo, reconhecemo-nos como parte dele e voltamos para nosso interior, em que passamos a simbolizar esse encontro. É esse exercício de contínuo centramento que nos confere escolhas e oportunidades – de nos aproximarmos ou não de algo ou alguém –, e o aprendizado se dá ao utilizarmos os sentidos para humanizar a experiência.

No que concerne à decoração, esse movimento de centramento nos sugere ir em busca de ordem e equilíbrio, harmonizando opostos simbólicos que habitam em nós, como o sótão e o porão, o visível e o invisível, o claro e o escuro, o dia e a noite, etc., que nos individualizam por meio da casa.

No entanto, o mundo moderno negou esse movimento cósmico, transformando o universo em uma paisagem horizontal e associando-o às linhas de montagem das fábricas, em que tudo tem começo e fim. O pensamento racional nos afastou do pensamento emocional, apartando o corpo da alma e de todas as demais polaridades cuja conciliação, antes, fazia parte do papel do cosmos.

Segundo Hillman (1993), levou muito tempo para que a psicologia aprendesse que o CORPO É ALMA; que aquilo que fazemos, o modo como nos movemos e o que percebemos é alma.

Mais recentemente, a psicologia está aprendendo que a alma também se expressa no sistema das relações em que estamos inseridos, ou seja, a alma também é sistêmica, e o próximo passo será reconhecermos que a casa onde vivemos, onde nos movemos, onde habitam nossos afetos também é alma, e, por meio dela, a rua, os quarteirões, os bairros, as cidades, e assim sucessivamente, também hão de ter alma (Hillman, 1993).

A casa, em sua projeção de mundo, revela-se por texturas, cores, luzes e atmosferas, em uma exposição de formas que se apresentam em estado de animação (anima + ação), e, à medida que esta ou aquela coisa ganha vida, chama a nossa atenção, atrai-nos, deixa de ser uma assinatura codificada para ser decifrada em busca de significado. A partir de então, passa a exibir rostos e, consequentemente, uma fisionomia a ser encarada.

Cosmos, mundo, casa, corpo e alma passam a se encontrar alinhados por meio de um único valor, o sentido da beleza, e não estou falando daquilo que os faz belos, mas dos movimentos da alma que dão vida às imagens para que elas afetem nossa imaginação e reverenciem o cosmo. Então, a alma da casa une-se à nossa para vibrar o cosmo em nós.

Naturalmente, a casa e tudo o que a faz são inanimados, pois eles não vivenciam sentimentos, recordações e intenções. No entanto, eles podem ganhar alma por meio das nossas projeções, que nos retornam despertando ideias, recordações, interioridade, profundidade. A nossa casa e a decoração que ali criamos não têm energia própria; somos nós, seus habitantes, que a ativamos por meio das nossas ações e criações.

Assim, qualificar uma casa de vazia ou mesmo depressiva significa analisar a forma pela qual ela se apresenta, seu comportamento em sua estrutura apática e sua aparência assexualizada junto da desimportância e da descartabilidade de seus interiores. Mas ela também pode ser paranoica na forma pela qual se apresenta em uma postura defensiva, feita de relações enganosas entre os objetos que estão em seu interior, bem como na forma pela qual se fala desses produtos, quase sempre necessitando de distorções gritantes dos seus significados – bom gosto, sofisticada, verdadeira, atemporal, luxuosa, espetacular, entre outras.

Existem tantas patologias quanto tipos de casas pudermos imaginar, ou seja, há também a casa ansiosa, a anoréxica, a obesa, a dependente química, etc., e nesse tanto de casas deve haver a casa saudável, pois interpretar as coisas do mundo levando em conta unicamente os nossos sonhos tem privado o próprio mundo do seu sonho, adoecendo-o.

Essa constatação de realidade psíquica requer uma forma mais humana, mais orgânica, no uso dos sentidos para pensar em um modelo de casa que seja capaz de nos levar a uma nova resposta estética ao mundo, que considere e nos integre ao animal que somos. Uma resposta que vincule, em uma única alma, o cosmos, o mundo, a casa e o corpo, porque não são estruturas separadas: uma é a projeção da outra.

Todos nós sonhamos em ter um lugar secreto onde possamos nos recolher em alguns momentos, escapando das pressões e da ansiedade da vida. Para alguns, esse sonho pode estar em uma ilha distante, um cenário idealizado ou mesmo um Jardim do Éden. Porém, esses sonhos muitas vezes são escapistas, por uma única constante, um desejo irresistível de fugir de uma companhia persistente: a nossa própria.

Mas há ainda um outro motivo: o de querer entender algo mais profundo que a vida tenta nos dizer e que possa ir além desse escapismo ou mero relaxamento. Uma necessidade de clareza interior, força e sentido, não para nos distanciar de tudo, mas para encontrar e compartilhar algo que possa fazer tudo valer a pena (Walter, 2005).

E por que não expressar fisicamente na casa essa clareza que gostaríamos de atingir? Transformando-a em um lugar que traga cura e equilíbrio, que seja aberto aos amigos, mas também protegido de invasões indesejadas e de notícias ruins.

ONDE ABRIGAR A CASA?

A necessidade que a alma tem de beleza é fundamental. Todos os povos sempre tiveram práticas de embelezamento: o realce de seus corpos, seus utensílios, seus movimentos de dança, sua fala na poesia e na música. Quando a satisfação do impulso da beleza está localizada na natureza, e a natureza está ameaçada de destruição, instintivamente sentimos o afastamento da alma. Não há nada de "místico", "transcendental", "filosófico" ou "mágico" sobre a maneira pela qual nós devemos entender essas palavras.

Na dimensão do cosmos da casa, para que ocorra uma decoração feita a partir do coração, devemos nos questionar muito mais do que nos preocupar em buscar respostas que nos saciem criando ambientes que nos anestesiem. Se a casa se desenvolveu como uma resposta ao mundo, talvez seja o momento de a decoração se tornar questionadora do mundo, da mesma forma pela qual aquela criança que inocentemente questionou a origem da árvore, conforme relatei no início deste livro. ==Uma decoração que se aproprie do design de interiores para abrir questões que nos façam optar pela beleza da vida em vez de maquiá-la==. Um design de interiores enraizado por relacionamentos sustentáveis e mutuamente benéficos entre nós e a natureza.

De um lado, a técnica, a metodologia, a matemática, a engenharia, fatos e congêneres; do outro, as aspirações humanas, os sonhos e os sentimentos. O ponto em comum entre eles é o coração, em um exercício de uma decoração que busque trabalhar com o amor, lembrando-nos que a casa não deve ser feita só por investimento, mas pensada como um objeto de investigação.

De uma forma geral, percebi que decorar não é outra coisa senão investigar as coisas. Mas não é só investigar coisas; é possibilitar que nesse processo apareçam coisas que nos surpreendam, que estão ali, mas estão veladas, fazendo que partes desconhecidas em nós tomem forma e se concretizem.

O ==nosso dom maior é a criatividade==, e o mundo pede uma pausa para que esse dom se manifeste e por meio dele possamos construir uma vida melhor, pois a única aventura ainda válida para nós está no resgate da nossa alma.

A cada etapa, vamos conhecendo mais e mais da nossa casa, até o momento em que ela fica pronta e os mistérios dela começam a surgir para nos colocar questões. É da origem desse diálogo que ela se torna um espaço oracular. Eis, então, que decorar se torna uma oração.

Termino este livro da mesma forma que o comecei, como quem abre a porta de casa e diz: "Pode entrar, a casa é sua!".

Há muito mais a fazer, explorar e descobrir. Que este livro possa nos inspirar a ir além.

O QUE VOCÊ TEM FEITO PELA SUA CASA HOJE?

REFERÊNCIAS

ALEXANDER, J. **A alma da casa**: como transformar a sua casa num santuário. Rio de Janeiro: Bertrand Brasil, 2001.

ANDRADE, A.; PASINI, F. **Vida em sintropia**: agricultura sintrópica de Ernst Götsch explicada. São Paulo: Labrador, 2022.

ARRAIS, R. **O Caibalion**. Os três iniciados. *E-book*, 2018.

BACHELARD, G. **A poética do devaneio**. São Paulo: Martins Fontes, 1988.

BACHELARD, G. **A poética do espaço**. São Paulo: Nova Cultural, 1993.

BAILEY, A. **Um tratado sobre magia branca**: ou o caminho do discípulo. 3. ed. Niterói: Fundação Cultural Avatar, 1991.

BAILEY, A. **A Treatise on White Magic**: Or the Way of the Disciple. Mansfield Center: Martino Publishing, 2012.

BATALHA, S. **Linguagem da casa através do Feng Shui Simbólico®**. Vila Nova de Gaia: Euedito, 2016.

BAUMAN, Z. **O mal-estar da pós-modernidade**. Rio de Janeiro: Jorge Zahar, 1998.

BOLLNOW, F. O. **O homem e o espaço**. Curitiba: UFPR, 2008.

BONDÍA, J. L. Notas sobre a experiência e o saber de experiência. **Revista Brasileira de Educação,** Barcelona, n. 19, jan./abr. 2002.

BOTTON, A. **A arquitetura da felicidade**. Rio de Janeiro: Rocco, 2007.

BRASIL. Lei nº 13.369, de 12 de dezembro de 2016. Dispõe sobre a garantia do exercício da profissão de designer de interiores e ambientes e dá outras providências. **Diário Oficial da União**, Brasília, 2016. Disponível em: https://www.planalto.gov.br/ccivil_03/_ato2015-2018/2016/lei/l13369.htm. Acesso em: 1 dez. 2023.

BRASIL. Ministério do Trabalho e Emprego. **Classificação Brasileira de Ocupações** (CBO), *on-line*. Disponível em: http://www.mtecbo.gov.br/. Acesso em: 1 dez. 2023.

BRYSON, B. **Em casa**: uma breve história da vida doméstica. São Paulo: Companhia das Letras, 2011.

CAMERON, J. **O caminho do artista**. Rio de Janeiro: Sextante, 2017.

CAVALCANTE, S; ELALI, G. A. **Temas básicos em psicologia ambiental**. Petrópolis: Vozes, 2011.

CHKLÓVSKI, V. **A arte como procedimento**, 2019. Disponível em: https://edisciplinas.usp.br/pluginfile.php/5700412/mod_resource/content/1/A%20arte%20como%20procedimento.pdf. Acesso em: 1 dez. 2023.

CORTEZ, F. *Homo integralis*: uma nova história possível para a humanidade. São Paulo: LeYa Brasil, 2021.

COUTO, M. **O fio das missangas**. Contos. São Paulo: Companhia das Letras, 2009.

CRAWFORD, I. **The Sensual Home**. New York: Rizzoli, 2000.

CREMA, R. **O poder do encontro**: origem do cuidado. São Paulo: Tumiak Produções/Instituto Arapoty/Unipaz, 2018.

DAHLKE, R. **Mandalas**: formas que representam a harmonia do cosmos e a energia divina. São Paulo: Pensamento, 2007.

DEJEAN, J. E. **O século do conforto**: quando os parisienses descobriram o casual e criaram o lar moderno. Rio de Janeiro: Civilização Brasileira, 2012.

DUARTE, A. J. O. Ecologia da alma: a natureza na obra científica de Carl Gustav Jung. **Junguiana**, São Paulo, v. 35, n. 1, jun. 2017. Disponível em: http://pepsic.bvsalud.org/scielo.php?script=sci_arttext&pid=S0103-08252017000100002&lng=pt&nrm=iso. Acesso em: 12 dez. 2023.

FERRUCCI, P. **O que podemos vir a ser**: técnicas para crescimento psicológico e espiritual através da psicossíntese. 2. ed. São Paulo: Totalidade, 2001.

FLUSSER, V. **O mundo codificado**: por uma filosofia do design e da comunicação. São Paulo: Cosac Naify, 2007.

GIBBS, J. **Design de interiores**: guia útil para estudantes e profissionais. São Paulo: Gustavo Gili, 2010.

GOLDHAGEN, S. W. **Welcome to Your World**: How the Built Environment Shapes Our Lives. London: Harper Collins, 2017.

GOMBRICH, E. H. **O sentido de ordem**. Porto Alegre: Bookman, 2012.

GOSWAMI, A. **O ativista quântico**: princípios da física quântica para mudar o mundo e a nós mesmos. São Paulo: Aleph, 2010.

GOSWAMI, A. **Consciência quântica**: uma nova visão sobre o amor, a morte e o sentido da vida. São Paulo: Aleph, 2018.

GURDJIEFF, G. I. **Encontro com homens notáveis**. São Paulo: Pensamento, 2006.

HALL, T. E. **A dimensão oculta**. São Paulo: Martins Fontes, 2005.

HEIDEGGER, M. **Construir, habitar, pensar**, 1951. Disponível em: https://filosofiaepatrimonio.files.wordpress.com/2017/03/martin-heidegger-construir--habitar-pensar.pdf. Acesso em: 1 dez. 2023.

HEIDEGGER, M. La esencia del habla. *In*: **De camino al habla**. Barcelona: Ediciones del Serbal, 1987.

HEIDEGGER, M. **Ser e tempo**. Petrópolis: Vozes, 2005.

HILLMAN, J. **Cidade & alma**. São Paulo: Studio Nobel, 1993.

HOLLANDER, E.; SIMEON, D. **Transtornos de ansiedade**. Porto Alegre: Artmed, 2008.

JUNG, C. G. **O homem e seus símbolos**. Rio de Janeiro: Harper Collins Brasil, 2016.

JUNG, C. G. **O livro vermelho**. Petrópolis: Vozes, 2018.

KAZAZIAN, T. **Haverá a idade das coisas leves**: design e desenvolvimento sustentável. São Paulo: Editora Senac São Paulo, 2005.

KOREN, L. **Wabi-Sabi para artistas, designers, poetas e filósofos**. Rio de Janeiro: Cobogó, 2019.

LATOUR, B. **A esperança de Pandora**: ensaios sobre a realidade dos estudos científicos. Bauru: Edusc, 2001.

LATOUR, B. **Diante de Gaia**: oito conferências sobre a natureza no Antropoceno. São Paulo: Ubu, 2020.

LEE, I. F. **As formas da alegria**: o surpreendente poder dos objetos. São Paulo: Fontanar, 2021.

LELOUP, J.-Y.; CREMA, R. **Dimensões do cuidar**: uma visão integral. Petrópolis: Vozes, 2015.

LEMOS, A. **Cibercultura**: tecnologia e vida social na cultura contemporânea. 2. ed. Porto Alegre: Sulina, 2004.

LIPOVETSKY, G.; SERROY, J. **A estetização do mundo**: viver na era do capitalismo artista. São Paulo: Companhia das Letras, 2015.

LIPTON, H. B. **A biologia da crença**: o poder da consciência sobre a matéria e os milagres. Catanduva: Butterfly, 2007.

LIPTON, H. B.; BHAERMAN, S. **Evolução espontânea**. Catanduva: Butterfly, 2013.

MANTOVANI, D.; MONTEIRO, V. **Os quatro elementos**. São Paulo: Madras, 2022.

MARTINS, J. S. Nossa casa, nossa mãe. **O Estado de S. Paulo**, São Paulo, 2011.

MATOS, L. **Corpo e mente**: práticas para atingir o equilíbrio psicológico perfeito. Petrópolis: Vozes, 1994.

MAY, R. **A coragem de criar**. Rio de Janeiro: Nova Fronteira, 1982.

MONTAGU, A. **Tocar**: o significado humano da pele. São Paulo: Summus, 1988.

MYSS, C. **Atos de poder**: escolhas pessoais. Rio de Janeiro: Prestígio, 2007.

NELSON, M. C. **Além do medo**: os ensinamentos de Miguel Ruiz. Rio de Janeiro: Fissus, 2009.

OATES, P. B. **História do mobiliário ocidental**. Lisboa: Presença, 1991.

OLIVEIRA, M. B. P. **A casa como metáfora do eu**. 2014. Monografia (Especialização em Arteterapia) – Instituto Sedes Sapientiae, São Paulo.

PALLASMAA, J. **Os olhos da pele**: a arquitetura e os sentidos. Porto Alegre: Bookman, 2011.

PAPANEK, V. **Arquitectura e design**: ecologia e ética. Lisboa: Edições 70, 2014.

RAMOS, L. M. A. Psicologia analítica de Carl Gustav Jung. **Educação Temática Digital**, Campinas, v. 6, n. 2, jun. 2005.

ROCHA, S. P. V. Tornar-se quem se é – vida como exercício de estilo. *In*: LINS, D. (org.). **Nietzsche/Deleuze**: arte, resistência. Rio de Janeiro: Forense Universitária, 2007.

ROSZAK, T.; GOMES, M. E.; KANNER, A. D. **Ecopsychology**: Restoring the Earth, Healing the Mind. San Francisco: Sierra Club Books, 1995.

RYBCZYNSKI, W. **Casa**: pequena história de uma ideia. Rio de Janeiro: Record, 1996.

SAFRA, G. **A face estética do self**: teoria e clínica. São Paulo: Unimarco, 2005.

SANTAELLA, L.; NÖTH, W. **Imagem**: cognição, semiótica, mídia. São Paulo: Iluminuras, 1998.

SANTOS, M. F. **Filosofia e cosmovisão**. São Paulo: É Realizações, 2018.

SEGAUD, M. **Antropologia do espaço**: habitar, fundar, distribuir, transformar. São Paulo: Edições Sesc São Paulo, 2016.

SENNETT, R. **O artífice**. Rio de Janeiro: Record, 2009.

SOLANO, C. **Casa natural**. V II (Terapias da Casa). Belo Horizonte: Edição do Autor, 2014.

TUAN, Y.-F. **Espaço e lugar**: a perspectiva da experiência. São Paulo: Difel, 1983.

TUAN, Y.-F. **Topofilia**: um estudo da percepção, atitudes e valores do meio ambiente. Londrina: Eduel, 2012.

VERÍSSIMO, F. S.; BITTAR, W. S. M. **500 anos de casa no Brasil**: as transformações da arquitetura e do espaço da moradia. Rio de Janeiro: Ediouro, 1999.

WALTER, J. D. **Space, Light, and Harmony**: The Story of Crystal Heritage. Commerce: Crystal Clarity Publishers, 2005.

WEIL, P.; LELOUP, J.-Y.; CREMA, R. **Normose**: a patologia da normalidade. Petrópolis: Vozes, 2011.

WEIL, S. **A gravidade e a graça**. Lisboa: Relógio D'Água, 2004.

WERÁ, K. **A energia segue o pensamento**, 2023. Disponível em: https://www.kakawera.com/post/a-energia-segue-o-pensamento. Acesso em: 1 dez. 2023.

WINNICOTT, D. W. **Tudo começa em casa**. São Paulo: Martins Fontes, 2005.

ZABALBEASCOA, A. **Tudo sobre a casa**. São Paulo: Gustavo Gili, 2013.

ÍNDICE GERAL

"As formas também formam", 221
Abre-te, sésamo!, 74
Afeto e encontro na construção do acervo interior, 95
Agradecimentos, 9
Alma, A, 178
Ambientes, a intimidade e a falta de privacidade, Os, 39
Antes de haver estética, há de haver a ética, 171
Apresentação, 15
Aroma, 145
Aventura externa e aventura interna, 117
Casa da qual eu cuido agora passa a cuidar de mim, A, 94
Casa e o cosmos, A, 225
Casa organizada de forma tripartida, A, 54
Casa, A, 80
Casa, lar... qual a diferença?, 78
Celeridade da tecnologia versus tempo e espaço, A, 70
Chegou o momento de construir uma casa de dentro para fora, 87
Começar pelo começo, 213
Cor, 144
Criar o mundo é também criar-se e recriar-se continuamente, 158
Criatividade e a reciprocidade, A, 151
Cuidar diariamente da casa, buscando contemplação, 214
Cultura do consumo e a finitude do planeta... o problema é de todos!, A, 61
Decoração periférica e decoração interiorizada, 156
Decoração também pode se tornar um ato de amor, A, 115
Design – substantivo, verbo, técnica, arte, propósito... e o que mais?, 189
Design de interiores é a decoração em ação!, 211
Design de interiores na organização das emoções, O, 93
Design de interiores, um caminho, 207
Designer que habita em nós, O, 138
Dimensão das coisas criadas, A, 153
E como deverá ser a formação do profissional de design de interiores?, 219
Ecocentrismo, biofilia e bem-estar, 73
Efeitos da tecnologia digital e o modelo de casa alternativo, Os, 62
Eis que chega a luz sobre os hábitos de uma época, 43
Elemento água (sul; sentimento), O, 127
Elemento ar (oeste; pensamento), O, 129
Elemento feminino e a revolução dos interiores da casa, O, 47
Elemento fogo (norte; intuição), O, 125

Elemento terra (leste; sensação), O, 128
Em busca dos sentidos da alma, 120
Espaço, 140
Este livro, 24
Estética, um acontecimento que nos move e nos envolve, 172
Ética e a estética, A, 167
Experiência ambivalente, 137
Experiência e o pertencimento, A, 133
Experiência estética e o autoconhecimento, A, 112
Experiência não é o que acontece, mas o que nos acontece, A, 146
Falar sobre a beleza é uma tarefa propulsora e relevante, 172
Início da vida moderna, eis que surge a classe média, 55
Integração dos sentidos, A, 111
Interconexão dos sentidos, 106
Introdução, 27
Luz, 141
Mas de onde surge essa tal criatividade?, 160
Mas isso basta?, 64
Mergulhando na simbologia dos quatro elementos, 124
Monopólio da visão, O, 106
Mundo digital, O, 69
Mundo industrial, O, 53
Mundo medieval, O, 39
Mundo, O, 32
No coração guardamos a chave para aniquilar a repressão e praticar a beleza, 187
No mundo digital surge o cinza, um futuro de liberdade criativa, 76
Nota do editor, 7
Novos caminhos para o design de interiores, 213
O que eu amo, 201
O que eu amo..., 203
Do que eu preciso?, 199
O que eu quero, do que eu preciso e o que eu amo, 193
O que eu quero?, 195
Onde abrigar a casa?, 229
Onde existem beleza e harmonia existem cura e saúde, 222
Ponte entre os sentidos e o mundo, Uma, 185
Por que decoramos? – Em nome do progresso, 21
Por que decoramos? – O resgate da interioridade, 23
Por que decoramos? – Uma busca pela ascensão social, 19
Pouco espaço e muita roupa, 41
Progresso chegou impondo nova ordem e critérios às habitações, O, 56
Propósito, entropia e sintropia, 191
Quando a casa se torna o nosso mundo, 90
Quando a decoração considera as dimensões da alma..., 98

Que histórias temos criado?, 135
Recessão chegou, vestida de bege!, A, 59
Reorganização do espaço doméstico, A, 71
Século XX trouxe novos papéis à mulher e ampliou o jeito de morar, O, 58
Século XXI – A queda das paredes trouxe uma casa mais porosa, 63
Sentidos e os símbolos, Os, 105
Símbolos possuem valor de integração em si mesmos, Os, 169
Som, 145
Tato e a liberdade para sentir, O, 109
Textura, 143
Toda experiência afetiva é multissensorial, 136
Vida e a casa são alicerçadas por nossas histórias, A, 134
Vida medieval e o design de interiores, A, 42
Viés da criatividade, entre o real e o imaginário, O, 162